개초보 회계

개초보 회계

1판 2쇄 발행　2026년 1월 18일

지은이　　김우철
펴낸이　　정원우
편집총괄　민지현
디자인　　홍성권

펴낸곳　　어깨 위 망원경
출판등록　2021년 7월 6일 (제2021-00220호)
주소　　　서울시 강남구 강남대로 118길 24 3층
이메일　　book@premiumpublish.com

ISBN　　　979-11-93200-42-1 (03320)

ⓒ2026, 김우철 All rights reserved.

이 책은 저작권법에 따라 보호받는 저작물이므로 무단전재와 무단복제를 금지하며,
이 책의 내용을 이용하려면 반드시 저작권자와 본사의 서면동의를 받아야 합니다.

개초보 회계

공인회계사 김우철 지음

어깨 위 망원경

잠깐! 이 부분만 읽고 구매를 결정하자!

사람들은 저마다 다양한 생각과 말, 그리고 행동을 하며 살아간다. 이유도 가지각색이지만, 그중에서도 가장 강력한 동기부여 요인은 단연코 '남녀관계'와 '돈'이다. 이 두 가지는 세상을 움직이는 커다란 축이라 할 수 있다. 아침 일찍 일어나는 것, 사람을 만나는 것, 밥을 먹는 것, 자신을 꾸미는 것, 운동하는 것, 이것저것 생각하고 고민하는 것, 밤늦게까지 일하는 것 등 우리가 살아가는 모습의 대부분은 결국 남녀관계 혹은 돈과 관련이 있다고 해도 과언이 아니다 (때론 두 가지가 뒤엉켜 있기도 하다). 즉 우리는 남녀관계와 돈에 대해 늘 탐구하고 공부하고 연구해야 하며, 그것이야말로 꽤 괜찮은 인생을 위한 필수조건이라 할 수 있다.

남녀관계는 독자 여러분이 각기 알아서 잘 하시라 가정(진심으로 그러기를 소망한다)하고, 이 책에서는 돈 이야기를 하려 한다.

돈이 있는 곳에는 무조건 회계가 있다. 솔직히 말하자면 우리 모두는 돈이 없는 곳에는 영혼을 두지 않는다.

반대로 돈이 있는 곳에는 누가 시키지 않아도 엄청난 관심과 열정을 쏟아낸다(주식투자를 하는 사람들은 시키지 않아도 해당 기업에 대해 깊은 공부를 해 너무 많은 것을 알고 있다). 이유는 너무도 당연하다. 돈을 소유하고, 그 소유한 돈으로 무언가 의미 있는 일을 하고 싶기 때문이다(때로는 돈을 소유하는 것만으로도 의미를 느끼는 사람들도 있다). 이처럼 사람들은 자연스럽게 돈과 관련된 정보를 갈망하게 되었고, 그 필요에 따라 먼 옛날부터 '회계'라는 도구가 고안되었다. 회계는 돈을 가장 간결하고 정확하게 이야기해 주는 언어다.

그런데…… 회계!

회계라는 단어는 어떤 주제건 지독히도 딱딱하고 재미없게 만드는 재주를 갖고 있다.

이해하기 어려운 한자어와 복잡한 계산식으로 도출되는 숫자들.

서점에 빼곡히 꽂혀 서로 두께 경쟁이라도 하듯 진열된 회계 책을 보면 갑갑하기만 하다. 들춰보면 마치 서로를 인용한 것처럼 이야기하는 것들이 모두 비슷비슷해 보인다.

필자는 공인회계사이다(세무사 자격도 있음). 대학 1학년 때 회계의 입문이라 할 수 있는 회계원리를 수강했다가 낙제를 하고, 복학하여 재수강을 했다. 지금 회계사가 되어 있는 것을 보면 나름대로 회계에 감각이 있다는 뜻일 텐데, 기초 과목에서 낙제점을 받았다고 생각하니 좀 어색하다(물론 당시 공부를 게을리한 책임은 피할 수 없다). 지금 돌이켜 보면 처음에 회계를 배울 때 전반적인 틀을 쉽고 재미있게 설명해 주는 길잡이가 없었다는 생각이 강하게 든다. 물론 요즘도 그러한 길잡이를 찾는 것은 쉽지 않다.

필자는 어떤 개념이든 이해하기 쉽게 잘 설명한다는 평가를 자주 듣는다. 처음에는 인사치레려니 생각했는데, 그러한 이야기를 점점 자주 듣게 되면서 나도 점점 인정하게 되었다. 아마도 내가 잘 모르는 내용은 애초에 설명을 하지 않고, 확실히 이해하는 내용만 설명을 한 면이 있으리라. 그리고 또 하나의 이유는, 설명을 듣는 사람의 입장을 가정하여 시뮬레이션해 보는 습관이 있다는 점이다. 개초보들은 뭣 때문에 그리도 답답함을 느낄까? 개초보들이 딱 한 시간만 강의를 듣는다면 과연 어떤 내용을 들어야 할까? 물론 잠시 후면 다 잊기야 하겠지만, 그래도 개초보들이 지금 어떤 느낌을 가져야 속이 시원할까?

필자는 대우세계경영연구회, 인천공항공사, 롯데건설, 세방, 동화기업, 고려대·순천향대·부천대 등의 여러 대학, 새마을금고연수원, 한국생산성본부, 한국표준협회, 가치평가협회, 전국의 사회복지협의회, 기타 비영리법인 등에서 기초재무회계, 기초원가회계, 기초세무회계, 기초가치평가 등을 강의하고 있다. 특히 정말 아무 배경지식도 없어 막막해 하는 개초보들에게, 진짜 기초부터 설명해 주고 깨우쳐 주는 역할을 주로 하고 있다.

개초보들을 위한 강의는 철저히 '개초보 중심'이어야 한다. 강의하는 사람과 강의를 듣는 사람이 혼연일체가 되어야 한다. 절대로 강의하는 사람 자신을 위한 강의가 되어서는 안 된다. 특히 강의하는 사람이 자신의 지식을 자랑하거나 우월함을 드러내는 듯한 강의는 절대 금물이다. 이러한 관점에서, 보다 많은 개초보에게 회계의 핵심을 전파해 보고자 이 책을 집필하게 되었다.

이 책은 다른 회계 책들이 흔히 다루는 그럴듯해 보이는 학문적 개념들을 과감히 생략했다. 회계를 이해하는 데 별 필요가 없는 거품을 싹 제거하고 아주 철저하게 핵심만 담았다. 그에 따라 분량도 최소화되어 회계를 처음 접하는 독자도 가볍게 접할 수 있게끔 하였다. 필자가 늘 강조하는 것 중 하나가 간결함이다(자신감이 결여된 것일수록 주저리주저리 설명이 많고 두꺼운 법이라는 개똥철학을 가지고 있다).

이 책의 특징은 다음과 같다.

- ✓ 개초보에게 꼭 필요한 내용만을 간결하게 압축해 간단명료하게 표현
- ✓ 추상적 개념이 아닌 직관적 느낌으로 설명
- ✓ 복잡한 실무 사례 대신 이해 가능성 높은 쉬운 예제를 적용

이 책을 읽는 요령(효율적 회계 공부 노하우)은 다음과 같다.

- ✓ 그냥 편하게 봐라
- ✓ 외우려 하지 마라
- ✓ 흐름, 느낌, 직관을 즐겨라
- ✓ 단어에서 의미를 유추하라
- ✓ 잘 모르겠으면 일단 넘어가라
- ✓ 잘 모르겠으면 예제로 접근하라
- ✓ 예제가 잘 풀리지 않으면 주저 말고 해답을 봐라
- ✓ 정독하지 말고 빠르게 다독하라
- ✓ 유튜브 강의도 함께 봐라(유튜브 개초보회계·김우철회계사

채널에서 '개초보회계' 재생목록을 보면 된다. 구독, 좋아요, 알람 설정은 필수.)

이 책이 특히 필요한 사람들은 다음과 같다.

- ✓ 회계원리를 (재)수강하는 대학생
- ✓ 회계자격증 또는 회계직을 준비 중인 취업 준비생
- ✓ 승진이나 임원 진급 시험을 앞둔 회사원
- ✓ 고객이나 거래처가 회계나 재무 이야기를 할 때 못 알아듣는 영업사원
- ✓ 남의 말에 쉽게 귀가 팔랑거리는 주식투자자
- ✓ 창업했거나 창업을 앞둔 (예비)사장님
- ✓ 기업을 상대하는 등 회계를 꼭 알아야 하는 공무원

이 책이 회계에 아주 조금이라도 관심이 있는 모든 사람이 가장 먼저 접하는, 심플하지만 강력한 도구가 되기를 간절히 소망한다. 그리고 이를 밑천으로 돈을 이해하고, 더 나아가 부자가 되기 위한 디딤돌로 삼을 수 있었으면 하는 바람을 담아본다.

전국민이 회계를 우습게 여기는 그날까지! 회계강국 대한민국!

혹 저나 거문고와 같이 생명 없는 것이 소리를 낼 때에 그 음의 분별을 내지 아니하면 저 부는 것인지 거문고 타는 것인지 어찌 알게 되리요. 만일 나팔이 분명치 못한 소리를 내면 누가 전쟁을 예비하리요. 이와 같이 너희도 혀로서 알아 듣기 쉬운 말을 하지 아니하면 그 말하는 것을 어찌 알리요 이는 허공에다 말하는 것이라. 세상에 소리의 종류가 이같이 많되 그러므로 내가 그 소리의 뜻을 알지 못하면 내가 말하는 자에게 야만이 되고 말하는 자도 내게 야만이 되리니. (고전 14:7-11)

- 대한성서공회 개역한글 -

차례

잠깐! 이 부분만 읽고 구매를 결정하자! 5

I 듣기만 해도 짜증나는 "회계"라는 단어

01. 회계가 인생에 반드시 필요한 것은 아니다 18
02. 회계를 조금 익혀볼까? 마음 먹었다면 21
03. 회계랑 친해지기 전에 알아두면 편한 것들 27

II 딱! 이것만 알면 대한민국 1%

01. 너 지금 재산이 얼마니? 40
02. 너 1년에 얼마 벌고 얼마 쓰니? 57
03. 남긴 것은 잘 쌓아 놓고 있니? 70
04. 기록하지 않으면 꼭 누군가 딴소리를 한다 78

III 한 걸음 더. 요만큼만!

01. 판매를 위한 물건에는 회사의 사활이 걸려 있다   100
02. 자동차는 탈수록 낡아간다   106
03. 외상으로 팔면 늘 불안하다   114
04. 한번 비유동은 영원한 비유동인가?   119
05. 자산은 착한 놈. 부채는 나쁜 놈?   121
06. 회사의 주인(주주)이 원하는 정보는 무엇인가?   124
07. 발생주의가 최선이니? 난 현금이 좋다   126
08. 기간귀속 4형제   128
09. 환율이 오르면 우리 회사는 좋을까?   138
10. 언젠가 터질 시한폭탄. 퇴직금   141
11. 회계를 완성하는 마지막 정리. 결산보정분개   144

IV 쉽게 읽자! 재무제표

01. 재무상태표 포인트	152
02. 손익계산서 포인트	155
03. 성장성	158
04. 수익성	161
05. 안정성	164

V 주식! 전 국민의 관심

01. 주식투자 3원칙	170
02. 주식투자 3가지 회계 필살기	174

집필을 마무리하며   179

개초보 실전 치트키

- ☑ 회계 자격증 소개   184
- ☑ 개초보 계정과목   187
- ☑ 개초보 회계처리 예제   194
- ☑ 개초보 재무제표 작성 예제   205

추천의 말   211

I

즐길 수 없으면 피하라! 제발……

지금 이곳을 펼쳐보고 있는 여러분들의 마음을 필자는 대충 헤아리고 있다. 해야 하나 말아야 하나? 굳이 꼭 해야만 할까? 한다고 뭐 달라지겠어? 어디서 어떻게 시작해야 해? 그동안 나름 이것저것 해 봤지만 그닥. 이제 냉소와 좌절이 뒤섞여 있는 마음을 차분하게 이성적으로 정리해 볼 때이다.

듣기만 해도 짜증나는 "회계"라는 단어

이 장에서는 본격적인 설명에 들어가기 앞서, 회계란 무엇이고 회계를 익힌다면 어떤 효용이 있는지를 이야기한다. Go or Stop의 결정은 여러분의 몫이다. 필자는 절대 강요하지 않는다. 다만 여러분이 Go를 결정한다면 가장 쉽고 빠른 길을 제시하고 함께 걸어갈 것이다. 회계를 익히는 자, 그 뒤에 풍성한 열매를 기대하며……

01
회계가 인생에 반드시 필요한 것은 아니다

지금 이 책을 읽고 있는 여러분들은 회계를 거의 모른 채로 살아왔다. 즉, 회계를 몰라도 인생을 살아가는 데 아무런 지장이 없었다는 얘기다. 세상에는 회계 말고도 다른 할 것이 참 많다. 굳이 회계를 알아야 할 필요는 없다.

(1) 회계는 언어다

회계는 언어다. 단어와 숫자가 조합되어 만들어진, 일종의 새로운 언어다(절대 수학이 아니다). 회계는 회사를 빠르고 간결하게 이해할 수 있도록 도와주는

효율적인 언어다. 언어는 혼자 사용해서는 아무런 의미가 없다. 많은 사람이 사용할수록 파급효과는 커진다. 회계 역시 마찬가지다.

회계는 기본적으로 어떠한 거래나 회사를 설명하는 데 사용된다. 가령 놀부가 자기 재산을 자랑하고 싶어서 많은 사람을 불러놓고, 직접 데리고 돌아다니면서 땅, 집, 현금, 보석, 곡식, 가축, 일꾼들을 보여준다고 해보자. 시간도 오래 걸리고 설명도 복잡할 것이다. 게다가 설명을 들은 사람마다 관심사나 이해 수준도 다르기 때문에, 똑같은 걸 보고도 받아들이는 내용은 제각각일 수밖에 없다. 그런데 만약 놀부도 회계를 알고, 사람들도 회계를 안다면? 종이 몇 장만 보여주면 모든 설명이 끝난다. 이것이 바로 회계의 강력함이다. 이를 위해서 '회계기준'이라는 게 존재한다. 이 회계기준은 오랜 세월을 거쳐 거의 전 세계적으로 표준화되었다고 볼 수 있다. 그 표준화된 결정체가 재무제표(Financial Statement: F/S)라는 것인데, 이 재무제표에 대해서는 뒤에서 다시 설명할 예정이다.

(2) 언어는 익혀두면 쓸모가 생긴다

그렇다면 회계를 왜 알아야 할까? 사실 회계를 몰라도 사는 데 전혀 지장이 없다. 지금 이 책을 읽고 있는 여러분도 회계를 몰라도 지금까지 나름대로 잘 살아오지 않았는가 (회계를 모르는 사람이 아는 사람보다 훨씬 더 잘사는 경우도 많다).

그렇다면 회계를 알면 어떤 변화가 생길까? 비유하자면, 영어로 어느 정도 의사소통을 할 수 있을 때 느끼는 변화와 비슷하다. 물론 전혀 변화가 없을 수도 있다. 그러나 조금이라도 활용할 수 있게 되면 활동반경이 엄청 넓어지는 것을 경험할 수 있을 것이다. 회계도 영어와 마찬가지로 일정 수준만 익혀도 그 효익은 엄청나다.

구체적 효익에는 어떠한 것들이 있을까? 모르는 사람들에게 잘난 척하기, 거래처 사람들과 어색하지 않게 대화하기, 중요 프로젝트 참가 가능성 높이기, 승진 가능성 높이기, 자격증 취득 가능성 높이기, 주식으로 망할 가능성 줄이기, 내가 다니는 회사에 대한 이해도 높이기, 남이 다니는 회사에 대한 이해도 높이기, 신문 경제면 이해하기 등등, 하나하나 따지자면 끝이 없다. 활용하기 나름이다.

02
회계를 조금 익혀볼까? 마음 먹었다면

회계를 한 번 알아볼까 하고 생각한 당신. 정말 훌륭하다. 삶의 진수를 꿰뚫어 볼 줄 안다고 감히 말할 수 있다. 그 마음, 부디 변치 않고 잘 간직하시길!

(1) 어느 정도 익혀야 체하지 않고 소화할 수 있을까?

일반적으로 대학에서 4년 동안 공부하는 회계 관련 과목을 나열해 보면 다음과 같다.

구분	내용
회계원리	경영학과 계통 1학년 과목으로 회계 최초 입문 과정
중급회계	회계원리를 마친 후 수강. 회계원리를 좀더 확장하여 깊이 있게 다루는 과정
고급회계	중급회계를 마친 후 수강. 중급회계에서 다루지 않았던 사업결합, 연결회계, 파생상품 등을 다루는 과정
세무회계	중급회계와 세법개론을 마친 후 수강. 세금 관련 문제를 다루는 과정
원가회계	회계원리 또는 중급회계를 마친 후 수강. 제조기업 입장에서 제품의 원가를 계산하는 내용을 다루는 과정
관리회계	회계원리 또는 중급회계 그리고 원가회계를 마친 후 수강. 회계정보를 이용한 관리적 의사결정에 관한 내용을 다루는 과정
회계감사	중급회계와 원가회계를 마친 후 수강. 생성된 회계정보가 회계기준에 따라 적절히 생성되었는지를 확인하는 절차를 다루는 과정

여러분 주변의 경영학과 졸업생 중 관련 분야 전문가(공인회계사, 세무사) 혹은 회사 회계 파트에서 근무하는 사람을 제외한 나머지에게 회계를 아느냐고 한번 물어보길 바란다. 아마 대부분 자신이 없다고 말할 것이다. 이유는 경영학과 학생 중 대부분이 회계를 즐길 수 없어서 피하는

경향이 있고(이는 바람직한 현상이라고 개인적으로 생각한다), 수업을 들었더라도 기본 개념을 제대로 익히기보다는 그냥 학점만 따려고 수강했기 때문일 것이다.

지금 이 책을 읽는 여러분들의 향후 목표가 무엇인지는 필자도 정확히 알 수 없다. 하지만 회계라는 주제에 있어 여러분이 개초보('개'는 강조를 뜻하는 접두사. 기분 나쁘게 생각할 필요는 없다.)라고 전제한다면 위에 나열한 모든 과목을 이 자리에서 이야기하는 것은 매우 부적절해 보인다.

우리 개초보들의 1차적인 목표는 딱 하나다. 회계의 기본만 빠르게 익히고, 회계 관련 가벼운 대화에 참여할 수 있는 수준이 되는 것이다. 조금 더 구체적으로 말하자면 다음과 같다.

구분	목표
직장인	재무제표와 재무비율을 통해 회사 상황을 객관적으로 평가할 수 있다.
	기본적인 회계처리는 직접 수행할 수 있는 실무 능력이 생긴다.
	회사 비교가 가능해져서, 어디가 더 괜찮은 곳인지 선택 기준이 생긴다.
	각종 회의에서 나오는 회계·재무 용어를 눈치로 넘기지 않고 정확히 이해할 수 있다.
	회계지식을 통한 한층 수준 높은 영업도 가능해진다.
학생	회계원리 수업을 훨씬 수월하게 따라갈 수 있다.
	심화 회계·재무 수업에 대한 막연한 두려움이 줄어든다.
취준생	회계를 모르는 경쟁자들과는 확실히 다른 차별적인 경쟁력을 확보할 수 있다.
	관련 자격증 취득 가능성도 더 높아진다.
투자자	회계지식을 바탕으로 기업의 실체를 보는 눈이 생기고, 투자 판단이 훨씬 합리적으로 바뀐다.
주부	자녀에게 돈, 금융, 경제를 알려줄 때 훨씬 실질적인 도움을 줄 수 있다.
모든 사람	회계를 알게 되면 세상을 훨씬 넓고 깊게 볼 수 있다. 숫자 뒤에 숨은 진짜 이야기를 읽어내는 눈이 생긴다.

이 정도의 목표를 위해서는 회계원리 마스터까지도 필요 없고, 딱 회계원리의 30%~50%정도만 알아도 충분하다. 그리고 그것이 바로 본서가 추구하는 목표이다. 물론 본서를 마스터한다면 향후 회계원리 전체는 물론이고 중급회계, 고급회계와 같은 보다 심화된 회계를 익히는 데 무척 많은 도움이 되리라 확신한다.

(2) 살짝 익혀서 노른자만 먹어도 충분

회계에 있어서 가장 핵심적인 노른자는 재무제표이다. 재무제표라는 다소 어려운 단어가 튀어나왔으니 그 뜻을 한번 풀어보자. '재무'는 사전적으로 돈  이나 재산에 관한 일을 뜻한다. 그냥 간단히 '돈'이라고 생각해도 좋다. 그렇다면 재무제표는 돈과 관련된 표, 즉 돈의 상황을 표로 정리한 것이라고 정의할 수 있다. 즉, 재무제표는 회계라는 언어를 통해서 표준화된 돈과 관련된 표(Table) 정도로 이해하면 충분하다. 표는 크게 4가지로 구성된다. 재무상태표(Balance Sheet: B/S), 손익계산서(Income Statement: I/S), 자본변동표(Statement of Changes in Equity) 그리고 현금흐름표(Cash Flow Statement)가 그것이다. 즉, 이 4가지표를 이해하면 회계를 이해한 것이라고 볼 수 있다. 그런데 문제는, 회계 개초보 입장에서는 이 4가지가 꽤 부담스럽게 느껴진다는 점이다. 그러니 그중에서도 특히 중요한 앞의 2가지, 재무상태표와 손익계산서만 이해해도 충분하다(실제로 회계 담당자 중에서도 안타깝게도 자본변동표와 현금흐름표는 잘 모르는 경우가 많다).

앞서 우리는 '재무=돈'이라고 정의했다. 이에 따르면 재무상태표는 돈의 상태를 보여주는 표라는 걸 알 수 있다. 돈의 상태란 그 돈이 지금 바로 사용할 수 있는 돈인지, 장기간 묶여 있어서 당장 사용할 수 없는 돈인지, 갚을 의무가 있는 남의 돈인지 등을 의미한다(구체적인 내용은 뒤에서 설명한다).

손익계산서는 문자 그대로 손실과 이익을 계산한 표다. 얼마를 벌었고, 얼마를 썼으며, 얼마를 남겼는지 혹은 얼마를 까먹었는지를 보여준다(이 역시 구체적인 내용은 후술한다).

이러한 재무상태표와 손익계산서만 어느 정도 이해하면, 아무리 규모가 큰 회사라도 짧은 시간 안에 웬만한 것들을 파악할 수 있다. 다시 한 번 강조하지만, '어느 정도 이해'하기 위해 필요한 수준은 딱 '어느 정도의 기본' 정도다.

03
회계랑 친해지기 전에 알아두면 편한 것들

회계라는 건 언어다. 그리고 언어는 언어 그 자체도 중요하지만, 그 언어가 가지고 있는 과정, 환경, 배경 같은 것도 같이 이해해 두면 훨씬 편하다. 그리고 그러한 것들은 지금도 서서히 진화하는 중이다.

(1) 현금주의 VS 발생주의

회계는 언어, 특히 기록이 강조되는 언어다. 그도 그럴 것이 회계의 핵심은 재무상태표와 손익계산서를 작성하는 것이고, 기록이 없으면 이걸 만드는 게 불

가능하기 때문이다. 회계 관련 기록을 하는 것을 '회계처리'라고 하는데, 현금주의와 발생주의는 이러한 회계처리를 언제(when) 할 것인가에 대한 사고이다.

현금주의는 현금이 실제로 들어오거나 나갈 때 그 거래를 인식하여 회계처리를 수행하는 것이다. 현금의 유출입은 눈에 잘 보이기 때문에 처리하기도 비교적 쉽고 간단하다.

반면 발생주의는 당장 현금이 실제로 오가지 않았더라도 중요한 사건이 발생하면 그 시점에 거래를 인식하여 회계처리를 수행하는 것이다. 그래서 먼저 중요한 사건이 무엇인가에 대한 정의를 해야 한다. 즉, 발생주의에서는 현금이 당장 들어오지 않더라도 미래에 현금을 받을 권리(채권)가 발생한다면 이는 중요한 사건으로 보고 회계처리를 수행한다. 반대로 현금이 나가지 않더라도 미래에 현금을 지급할 의무(채무)가 생긴다면 마찬가지로 이 또한 중요한 사건으로 보고 회계처리를 수행한다.

현금주의와 발생주의를 비교해 보면 현금주의는 간단하고 이해하기 쉽지만 발생주의는 상대적으로 조금 더 어렵고 복잡하다. 그러나 발생주의는 현금주의에 비해 정보이용자들에게 더 풍부하고 유용한 정보를 제공한다. 예를 들어, 회사가 거래처에 빵을 인도하고 한달 뒤 100억 원을 받기로 한 경우, 현금주의에서는 아무런 기록을 하지 않지만 발생주의에서는 이를 기록한다. 비록 지금 당장 돈이 들어오지 않아도 이 거래는 매우 중요한 사건이기 때문이다. 이러한 중요한 거래를 현금주의는 무시하고 발생주의는 중요하게 여기는 것이다. 이 때문에 기업들은 정보이용자들에게 발생주의를 적용하여 정보를 제공한다. 정보이용자들은 이러한 정보를 이해하기 위해 발생주의의 개념을 이해함으로써 보다 합리적인 의사결정을 내릴 수 있게 된다.

구분	현금주의	발생주의
거래인식기준	현금 유출입	중요 사건 발생
이해가능성	쉬움	다소 어려움
정보 유용성	낮음	높음
적용기관	비영리단체, 종교단체	영리기업

개초보 잡담!

영리기업은 아주 예전부터 발생주의 복식부기를 적용해 온 반면, 정부나 지자체 및 일부 비영리법인은 비교적 최근에야 도입했다. 대다수 비영리법인과 종교단체는 여전히 현금주의 단식부기를 적용하고 있다. 이러한 차이는 결국 주인의식과 무관하지 않아 보인다.

주인이 명확한 영리기업은 자신의 재산을 체계적이고 투명하게 관리할 필요성이 분명하다. 반면 주인이 다소 불명확한 단체(물론 국가의 주인은 국민, 교회의 주인은 하나님이지만)는 재산 관리에 상대적으로 느슨해질 수 있다. '누군가 하겠지' 또는 '하지 않아도 별다른 불이익은 없다'는 생각이 작용하기 때문이다.

결국, 내가 주인이면 누가 시키지 않아도 스스로 알아서 잘한다.

---

(2) 단식부기 VS 복식부기

여러분이 모두 알다시피 단식은 'single' 복식은 'double'이다. 탁구, 테니스, 배드민턴 같은 스포츠 종목에서 사용하는 용어와 같다. 회계에서도 비슷한 개념이 있다. '부기(book keeping)'는 쉽게 이야기하자면 책(장부)에 기록을 남기는 것을 의미한다. 즉, 단식부기는 거래를 하나만 기록하는 방식이고, 복식부기는 두 가지를 함께 기록하는 방식이다.

이게 과연 무슨 소리인가? 감이 잘 오지 않는다면 예

를 들어 보자. 어떤 회사가 토지를 100억 원에 구입했다고 가정해 보자. 단식부기에서는 단순히 '현금지출 100억'이라고만 기록한다(현금지출 100억). 반면 복식부기에서는 '현금지출 100억'과 함께 '토지증가 100억'도 기록한다(토지증가 100억 | 현금지출 100억). 즉, 복식부기는 단식부기에 비해 '토지가 100억 증가했다'라는 정보를 하나 더 기록하여 보여주는 것이다. 이것이 단식과 복식의 차이다.

이 차이는 거래가 몇 건 안 될 때는 크게 느껴지지 않을 수 있다. 하지만 1년 동안 수많은 거래가 쌓이면 이와 같은 정보의 격차가 크게 벌어진다. 예시를 조금 더 확장해 보자. 지난 1년 동안 회사가 총 1,000억을 지출하여 토지 100억, 건물 500억, 차량 300억, 컴퓨터 100억을 구입했다고 하자. 단식부기에서는 '현금지출 1,000억'만을 기록하여 보여주지만, 복식부기는 '현금 1,000억 지출'과 동시에 토지 100억, 건물 500억, 차량 300억, 컴퓨터 100억과 같이 각 자산 항목의 증가 내역까지 보여준다.

단식부기는 현금의 증감과 잔액 정보만을 보여주는 반면, 복식부기는 현금뿐만 아니라 현금 이외의 재산, 권리, 의무 등 다양한 정보(자산·부채 개념 도입)까지도 함께 보여준다. 그래서 단식부기는 현금주의와 연결되고, 복식부기는 발생주의와 연결된다. 이러한 정보 차이는 이용자의 해석과 판단에 당연히 직접적인 영향을 주므로, 보다 합리적인 의사결정을 위해 정보이용자들은 필연적으로 양질의 정보를 계속 요구하게 된다. 그에 따라 오늘날 거의 모든 기업과 단체는 복식부기를 적용하여 회계정보를 제공하고 있다. 회계를 이해하기 위해 복식부기적 사고방식이 필수적인 것도 당연한 일이다.

개초보 잡담!

필자가 생각하는 '환상의 복식조'는 말할 것도 없이 단연 탁구 여자 복식의 양영자·현정화다. 혹시 너무 오래된 이야기일까? 하긴 필자는 초등학교가 아닌 국민학교를 졸업했고, 게임방이 아닌 전자오락실을 다녔으며, 광역시가 아닌 직할시에 살았던 세대다. 여하튼 88 서울올림픽을 비롯해 수많은 국제대회에서 보여준 두 선수의 활약은 지금도 선명하게 기억난다.

그렇다면 요즘의 '환상의 복식조'는 누구일까? 탁구와 배드민턴에서 뛰어난 활약을 펼치는 선수들이 있지만, 아무래도 그 시절 양영자·현정화가 주던 무게감과 존재감에는 다소 못 미치는 듯하다.

(3) 회계기간

기간이란 '언제부터(From) 언제까지(To)'라는 개념이다. 즉 시작점과 종료점이 있는 것이다. 회사 또한 시작점(설립)과 종료점(청산)이 있으며, 설립부터 청산까지 무수히 많은 거래가 발생하고 기록된다. 정보이용자들은 회사의 정보를 원하고 회사는 필요한 정보를 제공하게 된다. 그런데, 이런 정보를 회사가 청산하는 시점에서야 제공한다면 그 정보는 가치가 없다. 합리적 의사결정을 위해서는 그때그때 회사의 회계정보가 필요하며, 정보라는 것은 따끈따끈할수록, 그리고 남들이 모르고 나만 알수록 가치가 높다. 이러한 정보이용자들의 욕구에 부응할 수 있도록 매 순간 회사가 정보를 제공해 주면 좋겠지만, 시간과 비용 문제로 현실적으로 어렵다. 그래서 회사는 일정한 기간을 설정하고 끊어서 회계기록을 정리하고 정보를 공개하게 되었다. 이것이 바로 '회계기간'이다.

일반적으로 회계기간은 1년이라고 생각하면 쉽다. 즉 1월 1일부터 12월 31일까지의 거래를 기록하여 보여주는 것이다. 필요나 법령에 따라 분기 혹은 반기로 설정하기도 하며, 회사 규모가 크고 이해관계자가 많을수록 더 자주 보여주는 것이 일반적이다. 여하튼 회계기간이란 '일정기간을 설정해 그간의 회계기록을 보여주는 것'이라고 이해하면 충분하다.

(4) 유동 VS 비유동

유동은 '흐를 유(流)', '움직일 동(動)'으로 흘러서 움직인다는 뜻이며, 흘러 흘러 어딘가에 도달할 최종 목적지가 있다는 뜻이기도 하다. 그 목적지는 어디일까? 회계의 최종 목적지는 돈이다(우리는 지금 결국 돈 때문에 이 책을 읽고 있는 것이다).

　사람은 흙으로 시작해서 흙으로 끝난다. 회사(법인)는 돈으로 시작해서 돈으로 끝난다. 회사를 탄생(설립)시키기 위해서는 기본적인 돈(자본금)이 필요하며, 돈이 있어야 설립등기(출생신고)가 가능하다. 회사가 사망(청산)할 때는 그동안 모아 놓은 재산을 처분해서 돈으로 바꾼 뒤 갚을 것은 갚고 남은 것은 나누어 가지게 된다. 결국 돈으로 시작해 돈으로 마무리되는 것이다. 이처럼 회사가 가지고 있는 모든 것은 결국 돈으로 바뀌기 마련인데, 각각의 특성에 따라 바뀌는 속도가 다르다. 그 속도가 빠른 것은 '유동', 속도가 더딘 것은 '비유동'이라고 한다.

현금은 애초에 돈이라 이미 목적지에 도달해 있으므로 유동 중에서도 속도가 가장 빠르다. 1개월 후에 받을 돈과 1년 후 받을 돈은 모두 채권이다. 그러나 돈으로 변하는 속도에는 차이가 있다. 즉 1개월 후에 받을 돈이 1년 후에 받을 돈보다 유동성이 높은 것이다.

회계에서는 1년 이내에 돈을 받을 수 있거나 줘야 하는 것은 유동, 1년 이후에 돈을 받을 수 있거나 줘야 하는 것은 비유동이라 한다. '단기'와 '장기'라고 표현되기도 하는데, 이는 유동·비유동 개념과 유사한 것으로 회계에서는 1년 이내를 단기, 1년 초과를 장기로 정의하고 있다. 유동·비유동 개념은 후술하는 재무상태표에서 중요한 개념으로 등장한다.

유동성

현금 > 1개월 후 받을 돈 > 1년 후 받을 돈 > 10년 후 받을 돈

개초보 잡담!

필자는 이러저러한 이유로 다양한 사람들을 만난다. 그중에는 비싼 외제차와 명품을 휘감은 사람들도 다수 있다. 간혹 그 사람들과 밥을 먹는다.

명품남: "배고프다 밥 먹자."
필자: "그래, 뭐 먹을까?"
명품남: "우리 소박하게 김치찌개 어때?"
필자: (저놈 어울리지 않게 왜 그러지?) "그래, 좋아."
김치찌개를 맛있게 먹은 후 계산할 타이밍이 왔다.
명품남: (주머니를 뒤적거리며) "아, 이런. 돈이 없네……."
필자: (저놈은 돈도 없으면서 뒤지는 척은 왜 하는 거지?) "내가 사지, 뭐."

필자는 마음속으로 중얼거린다.
'저 유동성 떨어지는 놈…'

(5) 영업 VS 영업외

회사의 활동은 주된 업종에 대한 중심 활동과 그 외의 활동으로 구분할 수 있다. 회계적으로는 전자의 활동을 '영업활동', 후자의 활동을 '영업외활동'이라 한다. 예를 들어

빵을 만들어서 판매하는 회사라면, 빵을 만들고 판매하는 데 필요한 모든 활동이 영업활동이다. 그러나 그 회사가 항상 빵을 만들어 판매하는 본업만 하는 것은 아니다. 경우에 따라 딴짓도 많이 한다. 가령 여유자금으로 다른 회사의 주식을 산다거나 불우이웃에게 성금을 내는 등 빵을 만들고 파는 것과 관계가 없는 일도 한다. 이러한 활동들을 영업외활동이라고 한다. 영업·영업외 개념은 후술하는 손익계산서에서 등장한다.

> **요약** 회계가 정말 싫다면 하지 마라.
> 회계를 익혀보기로 했다면 이 책을 읽어라.
> 우리가 익히고자 하는 회계는 '발생주의 복식부기'다.
> 여기서 그만두기에는 책값이 아깝다.

II

무엇인가를 중요하다고 생각하면 그것은 중요해진다. 그것이 실제로 중요하든 중요하지 않든……

사람을 만나고 연애를 하다 보면, 머지않아 피할 수 없는 아주 원초적이고 적나라한 질문을 마주하게 된다.
"너 재산이 얼마니?" "너 도대체 뭐 해 먹고 살아?"
회사도 사람과 크게 다르지 않다. 아니, 오히려 더 직설적이고

딱! 이것만 알면
대한민국 1%

솔직하다.
이 장에서는 그런 질문에 대한 돈 중심적인 해석, 즉 재무상태표와 손익계산서를 통해 '회사를 읽는 법'을 다룬다. 누군가에게 호감을 느끼고 사랑하게 되면 자연스럽게 그 사람을 더 알고 싶어지듯, 회사에 관심이 있고 애정이 간다면 너무도 자연스럽게 회계를 접하게 될 것이다.

01
너 지금 재산이 얼마니?

이성교제를 한다. 호감을 느끼며 서로를 서서히 알아간다. 조금씩 편해지면서 궁금한 것들을 물어본다. 상호 간 끊임없는 질문과 답변이 오간다. 정말 오래 참았다. 자! 이제 마침내 이 질문을 할 때가 되었다.

"너 어느 동네, 무슨 아파트 사니?" "차는 뭐 타고 다녀?" "집에 재산 좀 있니? 빚은 없고?"

나는 상대방의 재무상태표가 미치도록 궁금하다.

(1) 재무상태표(B/S: Balance Sheet)의 의미

재무상태표는 회사의 '돈과 관련된 전반적인 상태'를 보여주는 표다. 회사가 보유한 재산에는 무엇이 있고 그것들이 얼마인지를 알려준다. 또한 회사가  갚아야 하는 빚에는 무엇이 있고 그것들이 얼마인지를 알려준다. 그리고 전체 재산에서 빚을 뺀, 회사 주인(주주)에게 남는 몫이 얼마인지도 알려준다.

이것들을 회계에서는 자산, 부채, 자본이라고 표현한다. 재무상태표에는 다음과 같은 기본 등식이 성립한다.

자산 = 부채 + 자본

이를 대차평균의 원리라고 한다. 회사가 보유하고 있는 재산에서 갚아야 할 빚을 빼면, 그 차액이 회사 주인들의 몫이 된다는 너무도 당연한 개념이다. 예를 들어, 회사가 보유하고 있는 돈이 100이고 그중 은행으로부터 빌린 돈이 60이라 하면(은행에서 빌린 돈도 당연히 회사의 돈이다) 주주의 몫은 40이 되는 것이다.

B / S

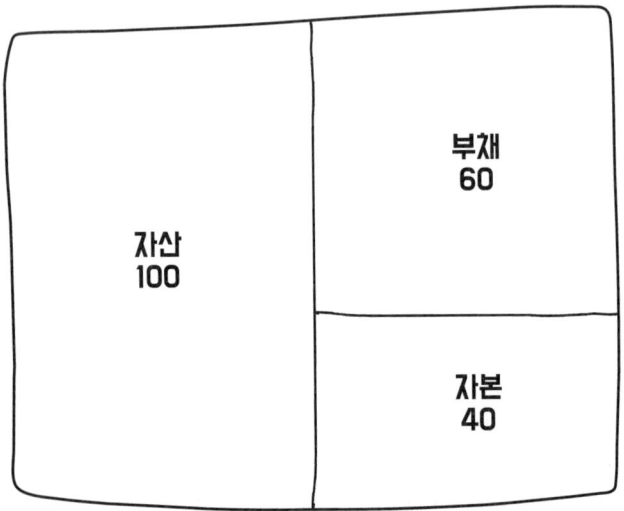

 자산, 부채 그리고 자본은 시간이 흐르면서 증가하기도 혹은 감소하기도 한다. 재무상태표는 이러한 변화를 누적하여 관리하는 표다. 가령 설립 후 10년 된 회사라면 가장 최근 재무상태표에는 지난 10년 동안 회사의 자산·부채·자본이 증가하고 감소한 결과가 반영되어 현재 상태를 보여준다. 만약 5년 전의 회사의 상태를 알고 싶다면 5년 전의 재무상태표를 보면 되고, 가장 최근의 상태를 알고 싶다면 가장 최근의 재무상태표를 보면 된다(물론 대부분은 과거보다는 최근 회사의 상태를 궁금해한다).

　재무상태표를 통해 가장 직관적으로 알 수 있는 것이 바로 회사의 규모다. 자산이 크면 대기업, 작으면 중소기업. 이런 식으로 가늠할 수 있다. 그 외에도 재무상태표는 다양한 정보를 제공하는데, 이에 대해서는 후술하기로 한다.

개초보 잡담!

1976년에 태어나 2002년에 회계사가 된 필자의 현재 재무상태표는 어떨까?

서울의 작은 아파트 1채(많은 부채가 끼어 있음), 자동차 2대, 약간의 예금과 주식.

필자는 회계사 생활을 10년 하면 꽤 부자가 될 줄 알았지만, 현실은 그렇지 않다는 것을 깨닫는 데엔 그리 오랜 시간이 걸리지 않았다. 큰 불편 없이 감사하며 생활하고 있지만, 인간인지라 부자가 되고 싶은 마음은 늘 있다. 그래도 지금 나의 재무상태표를 그려보는 것은 현재 위치를 명확히 파악할 수 있다는 점에서 의미가 있다.

우리 개초보들도 자신의 재무상태표를 한번 그려보자.

부디 자산이 부채보다는 많기를 바란다. 참고로 부채가 자산보다 많은 상태를 전문용어로 완전자본잠식이라 한다.

(2) 재무상태표 구성 요소

① 자산

자산은 회사가 가진 재산이라고 이해하면 쉽다. 다만 자산은 눈에 보이는 실체뿐만 아니라 눈에 보이지는 않지만 회사가 보유하고 있는 권리까지 포함한다.

눈에 보이는 실체적인 자산의 예로는 현금, 제품, 금융상품, 건물 등이 있다. 반면 눈에 보이지는 않지만 회사가 얻을 수 있는 권리로서 존재하는 자산의 예로는 돈(재화나 서비스)을 받을 권리, 즉 채권 등이 있다.

요약하면 자산은 돈, 돈 이외의 재산, 그리고 무언가를 받을 권리로 구성된다. 여기서 돈 이외의 재산과 무언가를 받을 권리는 결국 돈으로 전환(앞서 유동·비유동 개념 참조)된다. 결국 자산은 한마디로 돈(현재의 돈 + 미래의 돈)이다.

② 부채

부채는 회사가 지고 있는 빚으로서 부담해야(갚아야) 하는 의무라고 이해할 수 있다. 의무는 돈을 갚아야 할 의무다 (때로 돈이 아닌 물건이나 노동으로 갚아야 하는 경우도 있다).

③ 자본

자본은 회사 소유주(주주)의 몫이다. 설립 초기 투자한 돈이 자본을 구성하며, 또한 회사를 운영하면서 발생되는 이익(수익-비용)도 자본에 더해진다. 이익은 결국 회사의 소유주에게 귀속되기 때문이다. 반대로 손실이 발생하면 최초 자본을 갉아먹게 되어(자본잠식) 자본의 규모는 작아지게 될 것이며, 주주에게 귀속되는 부분이 감소할 것이다. 그 외에 회사와 주주 간 거래를 통해서 발생하는 차익이 자본의 증감을 발생시키기도 한다.

회사 입장에서는 자산에서 부채를 차감하면 회사 소유주의 몫이 되므로 그 값이 자본이 된다.

자산 − 부채 = 자본(소유주 지분)

즉, 자산은 돈이고 부채는 빠져나갈 돈이므로, 자본은 돈에서 빠져나갈 돈을 차감한 나머지다.

결국 자본은 나(주주)에게 남은 돈이다.

(3) 재무상태표 구조

재무상태표의 구조를 쉽게 이미지로 표현하면 다음과 같다.

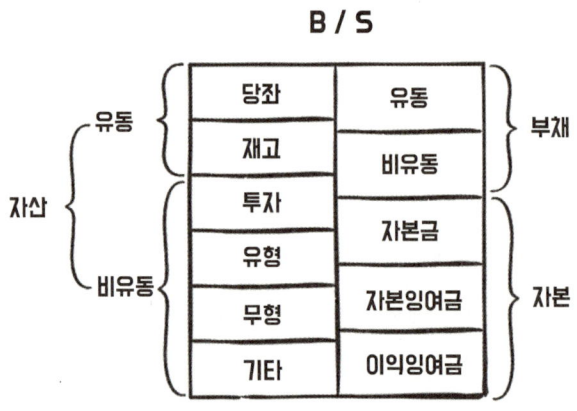

　　자산은 유동자산과 비유동자산으로 구분할 수 있으며, 유동자산은 당좌자산과 재고자산으로, 비유동자산은 투자자산, 유형자산, 무형자산, 기타비유동자산으로 구분할 수 있다.

　　부채는 유동부채와 비유동부채로 구분할 수 있다.

　　자본은 자본금, 자본잉여금, 이익잉여금으로 구분할 수 있다.

부채나 자본에 비해 자산을 보다 세분화하여 구분하고 있는데, 이는 그만큼 자산이 중요하다는 의미이다. 그 이유는 결국 자산이 회사의 수익을 창출하는 원천이기 때문이다.

개초보 잡담!

자산은 회사가 가지고 있는 재산으로 이를 통하여 수익을 창출한다. 다양한 자산을 적절히 보유하고 섞어가면서 돈을 벌어들이는 것이다. 뒤에서 볼 손익계산서상의 수익은 결국 자산을 통해 발생된다. 그래서 자산은 중요하고 구분도 세분화된다. 하지만 자산보다 더 중요한 건 사람일 수 있다. 어떤 인재를 채용하여 보유하고 개발하느냐에 따라 회사의 성패가 좌우될 수도 있다.

아쉽게도 회계는 사람을 평가하거나 그 가치를 자산으로 기록하지는 않는다. 다만, 우수한 인재들이 연구하고 개발하여 회사에 큰 영향을 미칠 것으로 예상되는 부분(인건비 등)을 집계하여 개발비라는 무형자산으로 기록하는 시도는 지금도 계속되고 있다.

우리 개초보들이 언젠가 회사의 '자산'으로 기록되는 날을 기다려 본다.

① 유동자산

유동은 현금화 속도가 빠른 것을, 자산은 회사가 보유하고 있는 재산 및 권리를 의미한다. 즉 유동자산은 회사가 보유하고 있는 재산과 권리 중에서 1년 이내에 현금으로 바뀌는 것들을 의미한다. 유동자산은 다시 당좌자산과 재고자산으로 구분할 수 있다.

당좌자산

'당좌' 하면 어떤 느낌이 드는가? 사람마다 다르겠지만 필자에게는 은행의 냄새와 함께 띵똥 하고 번호표 뽑는 소리가 떠오른다. 당좌예금, 당좌수표 등등 은행에서 주로 사용하는 단어이기 때문이다. 은행 하면 떠오르는 것은 돈이다. 즉 당좌자산은 현금 또는 은행에서 취급하는 그와 유사한 상품 정도로 이해할 수 있다.

필자는 개초보들에게 강의할 때 당좌자산을 현금(cash)과 그의 친구들(almost cash)이라고 표현한다. 당좌(當座)라는 한자를 풀이하면 '마땅한 자리로 가장 기본이 된다'라는 의미이며, 기업운영에 있어서 가장 기본이 되는 자산이라는 개념으로 연결시킬 수 있다. 현금은 회사를 설립할 때 반드시 필요하며 운영하는 데에도 필수 불가결한 자산이므로 당좌자산이라 칭한다고 이해하면 족하다. 당좌자산은 돈 혹은 거의 돈이기 때문에 유동성이 가장 높은 자산이다. 대표적인 당좌자산으로는 현금, 예금, 매출채권 등이 있다.

재고자산

'재고'하면 어떠한 것들이 떠오르는가? 재고조사(실사)와 같은 단어를 들어본 적이 있을 것이다. 특히 여러분이 편의점 알바를 경험했다면 익숙한 단어일 텐데, 이는 판매할 상품이나 제품의 수량을 세어보는 것이다. 재고(在庫)라는 한자를 풀어 쓰면 '창고에 존재하다' 정도로 해석할 수 있고, 이는 '회사가 팔기 위해 창고에 보유하고 있는 물건' 정도로 연결시킬 수 있다. 편의점으로 치자면, 매장에 진열된 과자, 음료 등 팔기 위한 것들을 총칭하는 것이다. 서비스업을 영위하는 회사에는 재고자산이 없지만, 물건을 판매하는 회사는 항상 일정한 재고자산을 보유하고 있으며, 이는 상당히 중요한 자산항목 중 하나다.

이처럼 재고자산은 회사가 판매를 목적으로 보유하는 자산이라 할 수 있다. 당좌자산과 비교해 보면 재고자산은 판매과정이라는 절차를 거쳐야지만 현금화가 되기 때문에 당좌자산보다는 현금화 속도(유동성)가 조금 느린 것이 일반적이다. 재고자산의 종류로는 원재료, 제품, 상품 등이 있다.

개초보 잡담!

재고자산은 유동자산에 속하므로 1년 이내에 현금화된다(팔린다)고 가정하는데, 그 이유는 1년 이내에 판매되지 않는다면 아마도 그 회사는 오래지 않아 망할 가능성이 높기 때문이다. 회계에서는 망하지 않고 계속 사업을 영위해 나갈 회사를 가정하는데 이를 '계속기업의 가정'이라고 한다. 이러한 가정이 없다면 회사가 망하는 경우의 회계장부를 작성해야 하는데, 이 때는 유동·비유동 구분, 영업·영업외 구분 자체가 의미를 잃는다. 계속기업의 반대 개념은 청산기업이다. 물론 모든 회사는 언젠가는 청산하기 마련이다. 그럼에도 회계는 계속기업의 가정을 적용한다는 것을 알아두도록 하자.

② 비유동자산

비유동은 현금화 속도가 느린 것을, 자산은 회사가 보유한 재산 및 권리를 의미한다고 하였다. 즉 비유동자산은 회사가 보유하고 있는 재산과 권리 중에서 1년 이후에 현금으로 바뀌는 것들을 의미한다. 비유동자산은 다시 투자자산, 유형자산, 무형자산 및 기타비유동자산으로 구분할 수 있다.

투자자산

투자자산은 문자 그대로 수익을 내기 위해 투자한 자산이다. 수익의 형태는 시세차익, 이자, 배당 등이며 투자처로는 부동산(토지·건물), 증권, 채권 등이 있다. 회사가 돈을 많이 보유하여 운영자금을 충당하고도 남는 경우, 경영자는 보다 많은 수익을 창출하기 위해 여윳돈을 투자한다. 현금을 그냥 은행에 예치하면 낮은 금리만을 벌어들이므로 보다 적극적인 수익을 얻고자 하는 당연한 행위이다. 대표적인 투자자산으로는 투자부동산, 매도가능증권, 장기금융상품 등이 있다.

유형자산

유형(有形)자산은 말 그대로 형체가 있는 자산을 의미한다. 즉 눈으로 식별 가능한 큼직한 물건이라고 이해할 수 있다. 투자수익을 목적으로 하는 투자자산과는 달리, 유형자산은 영업활동을 위해 보유하는 것이라는 데에서 근본적인 차이가 있다. 유형자산이 비유동자산으로 분류되는 것은 최소 1년 이상 사용할 수 있다는 가정이 깔려있다는 의미다.

    일반적으로 수년간 사용하면서 회사의 영업활동에 도움을 주므로, 시간이 지날수록 유형자산의 가치는 통상 감소한다. 하지만 실제로 얼마만큼의 가치가 감소하는지를 정확히 측정할 수 없기 때문에, 회계에서는 인위적인 방법을 통하여 유형자산의 가치 감소분을 계산해 해당 자산에서 그만큼을 제거하는데 이를 감가상각이라고 한다. 감가상각은 회계기간마다 인식한다. 감가상각과 관련해서는 후술하기로 한다. 대표적인 유형자산에는 토지, 건물, 차량운반구, 집기비품 등이 있다.

무형자산

    무형(無形)자산은 형체가 없는 자산을 의미한다. 즉, 눈으로 식별할 수 없는 권리와 같은 개념이다. 무형자산도 유형자산과 마찬가지로 영업활동을 위해 보유하며, 비유동자산이므로 최소 1년 이상 사용할 수 있다는 가정이 깔려있다. 수년간 사용되며 회사의 영업활동에 기여하므로, 시간이 지날수록 무형자산의 가치는 감소한다.

    하지만 실제 가치가 얼마나 감소하는지 정확히 측정하기 어렵기 때문에 회계에서는 인위적인 계산 방법을 통해 무형자산의 가치 감소분을 계산한 후 해당 자산에서 그

금액을 차감한다. 이를 무형자산상각이라고 하며, 매 회계기간마다 이를 인식한다. 무형자산상각과 관련해서는 유형자산의 감가상각과 함께 후술하기로 한다. 대표적인 무형자산으로는 특허권, 소프트웨어, 개발비 등이 있다.

기타비유동자산

기타비유동자산은 비유동자산 중 투자자산, 유형자산, 무형자산으로 분류되지 않는 것들을 포괄하는 개념이다. 대표적으로는 임차보증금 등이 있다.

③ 유동부채

유동은 현금화되는 속도가 빠른 것을, 부채는 회사가 갚아야 할 의무나 빚을 의미한다. 즉 유동부채는 회사가 갚아야 할 의무나 빚 중에서 1년 이내에 현
금(또는 재화·서비스)이 유출되는 것들을 의미하는 것으로, 빨리 갚아야 할 빚을 말한다. 대표적인 유동부채로는 매입채무, 단기차입금 등이 있다.

④ 비유동부채

비유동은 현금화되는 속도가 더딘 것을, 부채는 회사가 갚아야 할 의무나 빚을 의미한다. 즉 비유동부채는 회사가 갚아야 할 의무나 빚 중에서 1년 이후에 현금(재화나 서비스인 경우도 있음)이 유출되는 것들을 의미하는 것으로, 천천히 갚아도 되는 빚을 말한다. 대표적인 비유동부채로는 장기차입금, 퇴직급여충당부채, 임대보증금 등이 있다.

⑤ 자본금

자본금은 회사가 자금 조달을 목적으로 주식을 발행할 때, 주주로부터 수령하는 현금 중 액면가액에 해당하는 부분을 말한다. 상법에서는 회사가 발행하는 주식에 대해 액면가액(face value)이라는 개념을 규정하고 있다. 회계는 상법을 준용해야 하므로, 액면가액에 해당되는 부분을 별도로 구분해 표시한다. 모든 주식은 액면가액을 가지지만, 주식을 발행할 때 실제 수령하는 금액인 발행가액과는 차이가 있다. 예를 들어, 액면가액 100원 주식을 100원에 발행할 수도, 500원에 발행할 수도 있다. 여하튼 자본금은 발행가액이 아닌 액면가액만큼만 표시를 한다. 회사가 발행한 주식총수와 액면가액을 알면, 그 둘의 곱으로 자본금을 산정할 수 있다.

> **예시** 액면가액 5,000원의 주식 100주를 7,000원에 발행하여 자기자본을 조달하는 경우 액면가액(5,000원) × 발행주식수(100주) = 500,000원이 자본금에 해당한다.

⑥ 자본잉여금

회사와 주주 간 거래(통상 '자본거래'라고 지칭)를 통해서 발생한 이익의 누적(잉여)을 의미한다. 대표적인 항목으로 주식발행초과금이 있는데, 이는 회사가 주식을 발행하여 자본을 조달할 때 액면가액보다 높은 가액으로 발행하는 경우 발행가액과 액면가액의 차액으로 정의된다.

> **예시** 액면가액 5,000원의 주식 100주를 7,000원에 발행하여 자기자본을 조달하는 경우, 액면가액과 발행가액의 차액(2,000원) × 발행주식수(100주) = 200,000원이 자본잉여금(주식발행초과금)에 해당한다. 즉, 총 현금 700,000원을 자본금 500,000원과 자본잉여금 200,000원으로 구분한다.

⑦ 이익잉여금

회사와 외부 제3자(일반 고객)간 거래(통상 '손익거래'라고 하며, 후술하는 손익계산서에 기재된다)를 통해서 발생한 이익의 누적분(잉여)을 의미한다. 배당이 없다고 가정하면, 회사가 매년 남긴 이익들이 쌓인 것이 이익잉여금이 된다.

02
너 1년에 얼마 벌고 얼마 쓰니?

상대방의 재무상태가 어느 정도 파악되었다. 사는 곳과 재산 상황은 좀 알겠는데, 그것만으로는 충분하지 않다. 그래! 이것도 반드시 알아야겠다.

"그런데 너 뭐 하는 사람이니? 아니, 뭘 하는지는 중요치 않아. 도대체 너 월급이, 연봉이 얼마니?"

나는 상대방의 손익계산서도 봐야겠다.

(1) 손익계산서(I/S: Income Statement)의 의미
손익계산서는 회사가 돈을 벌고 쓰는 내역을 전반적으로 보여주는 표다. 즉, 회사가 무엇을 해서 돈을 벌고, 어디에 돈을 쓰고 있는지를 알려준다. 이러한 벌고 쓰는 내역을 보여주기 위해서는 기간이라는 개념이 필요하다. 특정 시점에 순간적으로 벌고 쓴 금액을 측정하는 것은 어려울뿐더러 큰 의미도 없기 때문이다(우리가 흔

히 말하는 월급이나 연봉에는 이미 기간 개념이 들어가 있다). 돈을 번 금액에서 쓴 금액을 빼면 남는 것이 있다. 대부분의 회사는 이 금액을 최대화하는 것을 목적으로 한다(이것을 우리는 국민학교 사회 시간에 '이윤추구'라고 배웠다. 물론 경우에 따라 본전치기 수준이거나, 적자가 나는 경우도 있다).

회계에서는 이를 수익, 비용, 이익으로 표현한다. 손익계산서의 기본 등식은 다음과 같다.

수익 - 비용 = 이익

예를 들어, 회사가 1년 동안 100을 벌고 60을 썼다면 이익은 40이 되는 것이다.

손익계산서를 통해 가장 직관적으로 파악할 수 있는 것은 회사의 경영성과다. 즉 경영자가 얼마만큼의 이익을 냈는지를 쉽게 파악할 수 있다. 쉽게 이야기해서 이익

I / S
수익 100 - 비용 60
이익 40

을 많이 내면 경영자의 경영 수완이 좋다고 판단한다. 또한 재무상태표에서 자산 규모를 보고 회사의 규모를 가늠하듯, 손익계산서의 수익(매출) 규모를 통해 회사의 규모를 파악할 수 있다.

다만, 재무상태표가 누적 개념인 반면, 손익계산서는 기간 개념이며 해당 기간이 끝나면 소멸한다. 이에 대해서는 후술한다.

개초보 잡담!

만약 나의 재산 상태가 크게 휘청거렸다거나, 이제 막 시작한 청년이라 별다른 재산이 없어서 나의 현재 재무상태표가 별 볼 일 없다면 어떻게 해야 할까?
답은 간단하다. 손익계산서를 잘 가꾸어 나가면 된다.

처음부터 좋은 재무상태표를 가질 수는 없다. 그러나 향후 벌어들일 수익과 나갈 비용을 잘 관리한다면, 시간이 걸리더라도 점점 좋은 재무상태표로 바뀌게 된다.

즉, 재무상태표는 손익계산서가 계속하여 누적되어 쌓인 결과물이다. 마치 눈덩이처럼.

워렌버핏도 자신의 재산 중 90%를 65세 이후에 벌었다고 한다.

우리 개초보들도 지금 상태에 분노하거나 좌절하지 말고, 꾸준함과 성실함으로 자신만의 멋진 손익계산서를 작성해 나가기를 소망한다.

---

(2) 손익계산서 구성 요소

① 수익

수익은 우리가 아는 것처럼 돈을 벌어들이는 개념이다. 즉, 회사가 재화 판매나 서비스 제공 등의 특정 활동을 통해 외부의 제3자인 상대방(고객)으로부터 반대급부로 걷어들이는 것이다. 이를 농사에 비유하면, 똘똘한 총책임자(경영자) 밑에서 비옥한 토지(유형자산)에 좋은 씨앗(원재료)을 심고, 충실한 일꾼(인적자원)들이 성실하게 일하면 좋은 열매(재고자산)를 수확하게 되고, 이때 열매를 판매해 얻는 것이 수익이다.

수익은 회사의 주된 영업활동으로 인한 영업수익과 영업 이외의 활동으로 인한 영업외수익으로 구분될 수 있다. 위 비유에서 열매를 팔아서 얻는 수익은 영업수익이지만, 토지의 일부를 팔아서 얻는 수익은 영업외수익으로 구분하는 것이다. 뭐가 되었든 간에 회사에 돈이 들어오는 것은 마찬가지이므로 둘 다 수익이다.

② 비용

비용은 수익의 반대개념으로 돈을 사용하는 개념이다. 즉, 회사가 외부의 제3자인 상대방(구매처)으로부터 재화 구입이나 서비스 혜택 등의 특정 활동을 제공받고 반대급부로 내보내는 것이다.

비용 또한 수익과 마찬가지로 회사의 주된 영업활동과 관련된 영업비용과 영업 이외의 활동에서 발생하는 영업외비용으로 구분될 수 있다. 위 비유에서 비료를 구입하면서 나가는 비용은 영업비용, 불우이웃돕기 기부금으로 나가는 비용은 영업외비용으로 구분하는 것이다. 뭐가 되었든 간에 회사에서 돈이 나가는 것은 마찬가지이므로 둘 다 비용이다.

③ 이익

이익은 수익에서 비용을 차감한 잔액이다. 회계를 잘 모르는 사람들은 수익과 이익을 혼용하기도 하지만, 엄밀히 따지면 둘은 전혀 다른 개념이다. 수익은 총량(Total) 개념이고 이익은 순량(Net) 개념이다. 실무에서는 총수익(Total Revenue)이나 순이익(Net Income)과 같은 용어를 쓰기도 한다.

개초보 잡담!

영어 단어 'Net'은 원래 '그물'이라는 뜻이다. 그물이 촘촘한 정도에 따라 물고기의 크기가 달라지듯, 회계에서는 수익에다가 그물질(Net)을 해서 비용을 걸러낸 후 남는 것이 이익이다. 아마도 그래서 Net이라는 단어가 '그물' 뿐만 아니라 '순(純)'이라는 의미도 함께 가지게 된 것 아닐까 하는 것이 필자의 개인적인 추측이다(참고로 필자는 영어를 잘 못한다). 그물이 얼마나 촘촘한지에 따라 후술할 매출총이익, 영업이익, 법인세차감전순이익, 당기순이익 등이 구분된다.

(3) 손익계산서 구조

손익계산서의 구조를 쉽게 이미지로 표현하면 다음과 같다.

I / S

매출
- 매출 원가

매출총이익
- 판매비와 관리비

영업이익
+ 영업외수익
- 영업외비용

법인세차감전순이익
- 법인세 비용

당기순이익

① 매출

매출은 여러분들이 알고 있는 그 의미 그대로 재화나 용역을 판매하여 발생한 수익이다. 즉 회사의 가장 기본이 되는 사업목적상 주된 수익의 근원이 바로 매출이다. 가장 중요하고 기본이 되는 항목이므로, 모든 손익계산서는 매출액에서 시작한다.

② 매출원가

매출원가는 말 그대로 매출을 발생시키는 데 들어간 원가이다. 원가는 여러분들이 알고 있는 그 의미 그대로이다. 재래시장에서 장사하시는 사장님들이 "남는 것 없이 판다"는 말을 종종 하는데, 그 말에서 '남는 것'을 계산할 때 기준이 되는 금액이 바로 매출원가다.

재화를 판매하는 경우 사오거나 만드는 데 든 금액이 원가이고, 서비스를 제공하는 경우 서비스를 제공하기 위해 재화를 사오거나 만드는 가격 또는 서비스를 제공하기 위해 들어간 가격을 원가라고 한다. 매출원가는 반드시 매출이 이루어져야 성립하며, 매출과 대응되는 개념이다. 가령 빵을 100만큼 사와 그중 60%를 80에 판매했다면, 매출은 80이고 매출원가는 60(100×60%)이다. 팔리지 않은 40(100×40%)은 매출원가가 될 수 없으며 이는 판매를 하기 위해 보유하고 있는 것이므로 재고자산으로 분류된다.

　일반적으로 회사가 생존하려면 매출액은 최소한 매출원가보다는 커야 한다. 따라서 원가에 대한 이해 및 정확한 계산은 회사 생존에 필수적인 요소다. 물건을 사서 파는 경우 매출원가는 구매한 가격일 것이므로 비교적 간단하게 매출원가가 산정된다. 그러나 물건을 만드는 제조업의 경우에는 매출원가 산정이 그리 만만치 않다. 이에 대한 상세한 내용은 여러분들이 우선 《개초보회계》를 마스터한 후 《개초보원가회계(향후 출간될지 여부는 이 책의 성패에 달려 있다)》에서 다루도록 하자.

③ 매출총이익

매출총이익은 매출에서 매출원가를 빼고 남은 이익이다.

매출 − 매출원가 = 매출총이익

④ 판매비와관리비

판매비와관리비는 말 그대로 재화나 용역을 판매하고 회사를 관리하는 데 들어가는 비용을 의미한다. 여기서 주의할 점은 매출원가와는 명확히 구분해야 한다는 것이다. 매출원가는 매출에 직접적으로 상응하는 원가로서 물건을 사오거나 만드는 데에 직접 들어간 비용인 반면, 판매비와 관리비는 물건을 판매하거나 회사 전반을 관리하는 데에 들어간 비용을 의미한다.

가령 제조업에서 급여를 지급할 때, 공장에서 제조를 하는 직원(생산직)에게 지급하는 급여는 매출원가(엄밀히 말하면 제조원가)로 분류되나, 본사 사무실에서 회계업무를 담당하는 직원에게 지급하는 급여는 판매비와관리비로 분류된다. 간단히 말하자면 공장에서 발생하는 비용은 매출원가, 본사 사무실에서 발생하는 판매비와관리비라고 구분할 수도 있을 것이다.

⑤ 영업이익

영업이익은 매출총이익에서 판매비와관리비를 빼고 남은 이익이다.

매출총이익 - 판매비와관리비 = 영업이익

⑥ 영업외수익

영업외수익은 말 그대로 영업 외적인 부분에서 발생하는 수익이다. 여기서 '영업 외적'이란, 회사의 주된 영업활동과 관련이 없는 것을 말한다. 예를 들어, 금융업이 아닌 제조업이나 도소매업을 영위하는 회사의 대표적 영업외수익은 이자수익이다(물론 금융업을 영위하는 회사의 이자수익은 영업외수익이 아닌 영업수익(매출)이 될 것이다).

회사가 주된 영업활동을 통해 매출액이 발생하여 그로 인해 벌어들인 현금을 은행 등 금융기관에 예치하면 이자가 발생한다. 그러나 이자는 회사의 주된 영업활동의 결과가 아니므로, 수익이기는 하나 매출액이 아닌 영업외수익(계정과목으로는 이자수익)으로 표현하는 것이다.

영업활동과 영업외활동의 구분은 정보이용자에게 시사하는 바가 크다. 그 이유는 영업활동은 회사의 주된 활동으로 계속적·반복적인 성격을 가지는 반면, 영업외활동은 일시적·비반복적인 성격을 갖기 때문이다. 총수익 규모가 비슷한 회사라 하더라도 영업활동 수익 비중이 큰 회사가 보다 안정적이라고 예측할 수 있다.

⑦ 영업외비용

영업외비용은 말 그대로 영업 외적인 부분에서 발생한 비용이다. 금융업이 아닌 제조업이나 도소매업을 영위하는 회사의 대표적인 영업외비용은 이자비용이다(물론 금융업을 영위하는 회사의 이자비용은 영업외비용이 아닌 영업비용이 될 것이다).

회사가 자금이 부족하여 금융기관 등에서 돈을 빌리

는 경우 그에 대한 이자를 지급하여야 하는데, 지급하는 이자는 비용이기는 하나 회사의 주된 영업활동과 관련이 없으므로 매출원가나 판매비와관리비가 아닌 영업외비용(계정과목으로는 이자비용)으로 표현하는 것이다.

영업외수익과 마찬가지로, 영업외비용 또한 일시적·비반복적인 성격을 띤다.

⑧ 법인세차감전순이익

법인세차감전순이익은 영업이익에 영업외수익을 더하고, 영업외비용을 뺀 후 남은 이익이다.

영업이익 + 영업외수익 – 영업외비용 = 법인세비용차감전순이익

⑨ 법인세비용

법인세는 회사(법인)가 국가에 납부하는 세금이다. 세금은 기본적으로 수익에서 비용을 차감한 이익에 일정 세율을 곱하여 산정한다. 따라서 손익계산서 구조상, 영업활동 및 영업외활동의 수익과 비용을 모두 정산한 후 남은 이익에서 법인세비용을 차감하여 최종 당기순이익을 산정하게 된다. 다만 회계상 이익과 세무상 이익은 관점이 달라 차이가 발생하게 된다. 회계상 이익이 없더라도 세무상 이익이 도출될 수 있고 그에 따라 법인세비용이 계상될 수 있으며, 반대로 회계상 이익이 많더라도 세무상 이익은 없을 수 있고 그에 따라 법인세비용이 나오지 않을 수도 있다. 이에 대한 것은 여러분들이 우선 《개초보회계》를 마스터한 후 《개초보법인세회계(향후 출간될지 여부는 이 책의 성패에 달려 있다)》에서 다루도록 하자.

⑩ 당기순이익

당기순이익은 법인세비용차감전순이익에서 법인세비용을 빼고 남은 이익이다.

당기는 통상 1년(1월~12월) 동안을 의미하지만, 경우에 따라 분기(3개월)순이익이나 반기(6개월)순이익을 계산하기도 한다.

법인세비용차감전순이익 − 법인세비용 = 당기순이익

03
남긴 것은 잘 쌓아 놓고 있니?

많이 벌고 적게 쓰면 돈이 남기 마련이다. 적게 벌고 많이 쓰면 까먹게 되고, 그 대가는 나중에 반드시 돌아온다. 돈이 남으면 왕창 쓸 수도 있고 후손에게 물려줄 수도 있다. 반대로 돈을 까먹으면 다시 채워 넣어야 하며, 그렇지 못하면 파산에 이른다. 어찌 되었건 남기면 차곡차곡 쌓여 결국 재산을 형성하게 된다. 이는 불변의 진리다.

(1) 재무상태표는 손익계산서를 먹으면서 생존한다

아무 생각 없이 얼핏 보면 재무상태표와 손익계산서는 별개로 존재하는 듯하다. 재무상태표는 일정 시점의 자산, 부채 및 자본을 보여주고, 손익계산서는 일정 기간의 수익, 비용 및 이익을 보여주는 것으로, 서로 별 상관이 없는 것처럼 보인다. 하지만 두 개의 표를 연결하는 중요한 연결고리가 있다. 그 연결고리는 바로 이익이다. 손익계산서상 수익에서 비용을 차감하여 산출된 이익을 재무상태표의 자본(이익잉여금)에다가 가져다 붙임으로써 별 관계가 없어 보이던 두 표가 연결된다.

개념상 자본은 주주의 몫이고, 이익 또한 수익에서 여타 비용들을 제거한 후 남아 있는 것이므로 역시 주주의 몫이라 할 수 있기 때문에, 결국 이익은 자본을 증가시킨다. 따라서 일정 기간의 수익과 비용을 결산을 마치면 그로부터 도출된 이익은 재무상태표의 자본으로 흡수되어 더 이상 손익계산서에는 남지 않는다.

이익은 수익과 비용의 결괏값(수익과 비용을 정산한 값)이므로 결국 손익계산서가 통째로 재무상태표에 흡수되는 것이다. 이때 당해 손익계산서는 재무상태표에 흡수되었으므로, 더 이상 존재의 의미가 없어졌기 때문에 소멸된다

(다음 해의 새로운 손익계산서는 수익과 비용이 '영(0)'에서 다시 출발한다). 반면 재무상태표는 누적 개념이므로, 전년도 자산·부채·자본 금액이 다음 해로 이월된다.

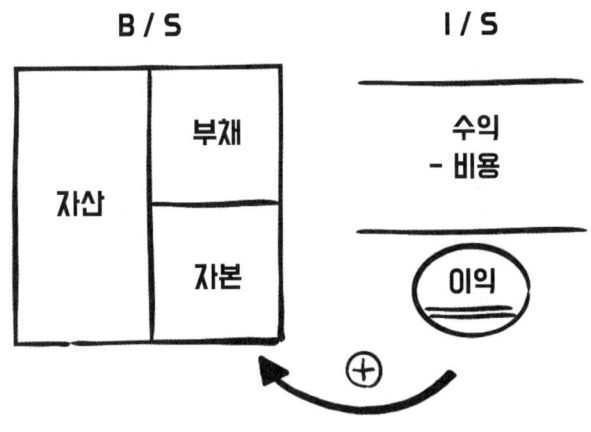

개초보 잡담!

앞선 이성교제 비유에서 재무상태표는 '현재 재산상태'를, 손익계산서는 '연봉'이라고 했다. 연봉을 잘 관리하면 너무도 당연하게 재산이 늘어날 것이다. 즉 향후의 지속적 이익은 재산의 증가로 귀결되는데, 이러한 논리는 회사에도 그대로 적용된다. 이처럼 당기순이익과 자본은 긴밀하게 맞물린 관계를 형성한다.

(2) 개 간단 사례

가정 설비가액은 변동 없음. 모든 수익과 비용은 현금 결제.

① 2020년 (개업 첫해)

- 2020.01.01. 빵집 개업:

  내 돈 100과 빌린 돈 100. 설비 150 구입 후 현금 50 남음

- 2020.01.01. 재무상태표:

  자산 200, 자본 100, 부채 100

- 빵집을 운영하여 수익 100 비용 80 발생

- 2020.01.01. ~ 2020.12.31. 손익계산서:

  수익 100 − 비용 80 = 이익 20

- 2020.12.31. 재무상태표:

  자산 220, 자본 120, 부채 100

- 현금잔액 = 50(최초) + 20(이익) = 70

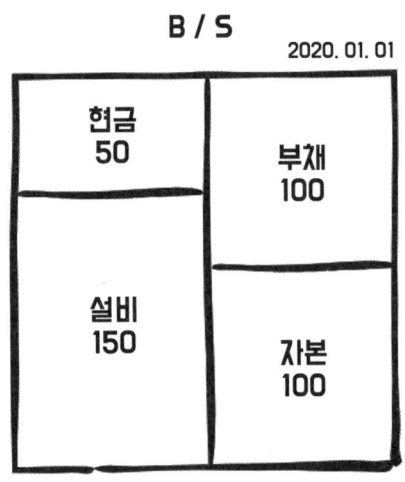

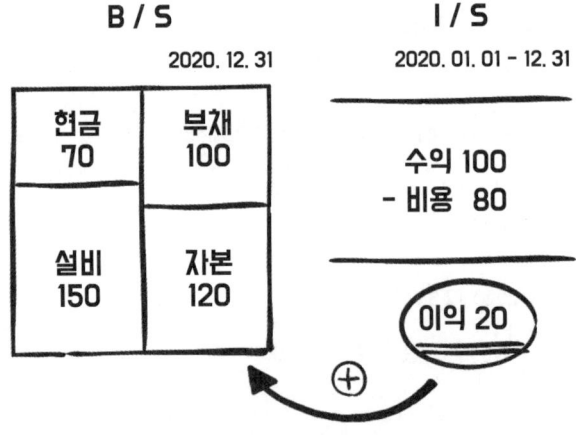

② 2021년 (둘째 해)

- 빵집을 운영하여 수익 150, 비용 160 발생

- 2021.01.01. ~ 2021.12.31. 손익계산서:

  수익 150 − 비용 160 = 손실 10

- 2021.12.31. 재무상태표:

  자산 210, 자본 110, 부채 100

- 현금잔액 = 70(20년 말 잔액) − 10(손실) = 60

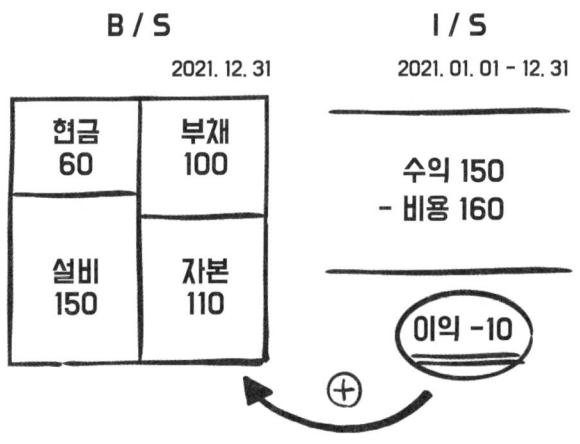

③ 2022년 (셋째 해)

- 빵집을 운영하여 수익 200 비용 100 발생. 빌린 돈 중 50 상환

- 2022.01.01. ~2022.12.31. 손익계산서:

  수익 200 − 비용 100 = 이익 100

- 2022.12.31. 재무상태표:

  자산 260, 부채 50, 자본 210

- 현금잔액 = 60(21년 말 잔액) + 100(이익) − 50(상환) = 110

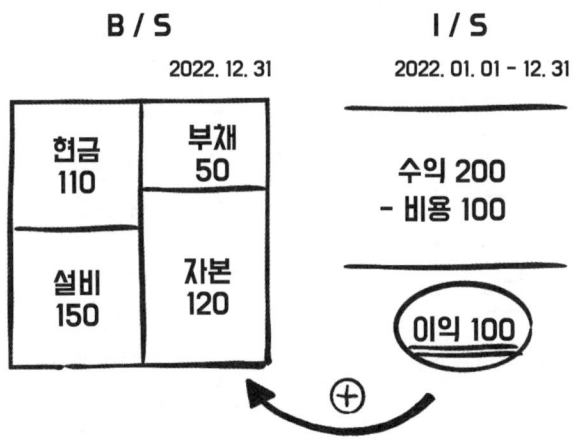

④ 2023년 (넷째 해)

- 빵집을 운영하여 수익 200 비용 250 발생. 추가로 100 빌림

- 2023.01.01. ~ 2023.12.31. 손익계산서:

  수익 200 − 비용 250 = 손실 50

- 2023.12.31. 재무상태표:

  자산 310, 부채 150, 자본 160

- 현금잔액 = 110(22년 말 잔액) − 50(손실) + 100(차입) = 160

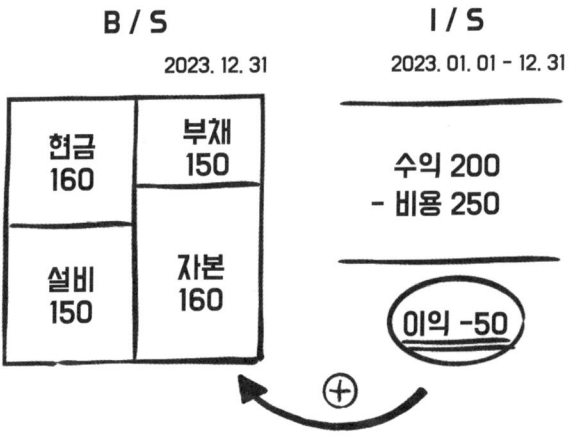

03
기록하지 않으면 꼭 누군가 딴소리를 한다

역사적으로 돈을 관리하는 사람들은 대체로 지위가 낮고 비천한 신분이었다. 돈 관리가 잘못되었을 경우 죽음을 면하기 어려웠다. 그에 따라 목숨을 부  지하기 위해 회계라는 언어가 고안되었다. 당연히 말보다는 기록이 훨씬 중시되었는데, 나중에 자신을 고용한 사람이 딴소리를 못 하도록 하기 위함이다.

회계처리란 회계적 사건을 일정한 규칙에 따라 기록하는 것이며, 이러한 회계처리들이 모여서 재무제표가 만들어진다. 따라서 재무제표를 제대로 이해하려면 회계처리를 이해하는 것도 어느 정도 필요하다(실제로도 회계처리를 이해하는 순간 회계에 대한 자신감이 크게 높아지는 경우가 많다). 회계처리를 할 때는 다음과 같은 과정을 거친다.

(1) 기록할 것인가 말 것인가?

'거래'의 사전적 의미는 주고받는 것, 또는 사고파는 것이다. 별도로 정의하지 않더라도 우리가 이미 알고 있는 그 의미이다. 회계에서의 거래 또한 우리가 알고 있는 것과 거의 비슷하나 약간의 차이가 있다. 위에서 회계의 핵심은 재무제표라고 말한 바 있다. 그것은 바꾸어 말하면, 재무제표와 관련이 없는 것은 회계에서 중요하지 않다는 것이다.

재무제표에서 가장 중요한 두 가지는 재무상태표와 손익계산서다. 그 구성 요소에 대해 다시 한번 살펴보자. 재무상태표는 자산, 부채, 자본으로 구성되어 있으며, 손익계산서는 수익과 비용으로 구성되어 있다. 회계에서 거래로 인식하기 위해서는 이 다섯 가지 요소(자산, 부채, 자본, 수익, 비용)에 영향이 있어야 한다. 따라서 겉으로는 거래처럼 보여도 재무제표에 영향이 없으면 회계에서는 거래로 인식하지 않는다. 반대로, 거래가 아닌 것처럼 보여도 재무제표에 영향이 있다면 회계에서는 거래로 인식한다.

가령 빵 공장에 화재가 발생하여 빵과 빵을 굽는 기계가 소실된 경우 이 상황은 회계적 거래일까? 정답은 'YES'. 일반적으로는 불이 난 상황을 거래라고 부르지 않지만, 빵(재고자산)과 기계(유형자산)는 회사의 자산이며, 그 자산이 감소된 것이므로 회계적 거래로 보아 회계처리를 수행하여야 한다.

회사가 은행 차입약정서에 서명하고 일정 금액을 빌리기로 한 경우에는 회계적 거래일까? 정답은 'NO'. 계약서에 서명은 하였지만, 아직 그로 인해 돈이 들어오지 않았고 의무 또한 발생하지 않아 자산이나 부채에 변동이 없기 때문이다. 추후 실제로 돈이 들어온 시점에 회계적 거래가 발생하면 그때 회계처리를 하면 된다.

결국 회계적 거래인지 여부를 올바르게 판단하고 인식해야만 정확한 회계처리가 가능하며, 이를 통해 신뢰할 수 있는 재무제표를 작성할 수 있다. 이를 위해서는 재무제표의 구성 요소인 자산, 부채, 자본, 수익 및 비용에 대한 정확한 이해가 필수적이다.

예제 다음 각 상황에 대해 회계적 거래 여부를 판단해 보자.

☑ 은행으로부터 빌렸던 돈을 갚음
> ▶ 부채 감소 및 자산 감소이므로 회계적 거래임

☑ 교통사고로 자동차 폐차
> ▶ 자산 감소 및 비용 발생이므로 회계적 거래임

☑ 신입사원과 근로계약을 체결
> ▶ 단순 계약 체결은 회계적 거래가 아님

☑ 화재로 제품 소실
> ▶ 자산 감소 및 비용 발생이므로 회계적 거래임

☑ 토지 구매 계약서 작성
> ▶ 단순 계약 체결은 회계적 거래가 아님

☑ 타 회사 대출금에 대한 지급보증
> ▶ 단순 계약 체결은 회계적 거래가 아님

☑ 타 회사 주식 취득
　▶ 자산 증가 및 자산 감소이므로 회계적 거래임

☑ 거래처가 우리 회사 제품을 주문
　▶ 단순 주문은 회계적 거래가 아님

(2) 언제 기록할 것인가? (개초보 단계에서는 건너뛰어도 OK)

회계적 거래에 대한 회계처리를 수행하는 시점을 말하는 것으로, 시점이 중요한 이유는 앞에서 언급하였던 회계기간이라는 개념이 존재하기 때문이다. 회계는 계속기업의 가정을 전제하는데, 이는 회사가 망하지 않고 계속 영업을 이어간다고 보는 것이다. 그렇기 때문에 인위적으로 기간을 설정하고 끊어서 회계정보를 제공할 필요가 생겼다. 이렇게 설정된 기간이 바로 회계기간이다. 회계기간은 통상 3개월, 6개월, 1년 단위로 설정한다.

　회계기간이 있으므로 거래의 인식시점에 따라 각 기간별 정보가 달라질 수 있다. 가령 12월 30일에 빵을 판매하고 다음 해 1월 5일에 대금을 수취한다고 해 보자. 대금은 다음 해에 들어오지만, 회계적으로는 거래 상대방에게 빵을 인도한 올해에 수익(매출)으로 인식한다. 만약 인식시점을 잘못 잡으면 기간별 손익이 왜곡될 수 있다. 그래서 거래를 언제 기록할 것인가에 대한 문제는 생각보다 중요하다.

개초보 단계에서는, 각 항목별 인식시점을 한꺼번에 학습하기보다는 일반적인 인식기준을 먼저 이해하는 것이 효율적이다. 자산, 부채, 수익, 비용별 일반적 거래의 인식시점은 다음과 같다.

① 자산의 취득(증가) 인식시점

해당 자산이 실제로 유입되거나 아직 유입되지는 않았으나 회사가 실제적으로 통제할 수 있는 경우로서 그 자산의 취득가치를 측정할 수 있을 때.

자산을 취득함으로 돈을 언제 주느냐는 중요치 않다. 중요한 것은 자산이 들어오는 사건이다. 물론 그 자산에 대한 대가가 확정되어야 숫자로 기록할 수 있으므로, 측정 가능성이 전제되어야 한다.

> **예시** 4월 1일에 자동차를 인수하고 대금을 7월 1일에 주기로 한 경우, 자동차를 자산으로 인식하는 시점은 4월 1일이 된다.

② 자산의 처분(감소) 인식시점

해당 자산이 실제로 유출되거나 아직 유출되지는 않았으나 회사가 실제적으로 통제할 수 없는 경우로서 그 자산의 처분가치를 측정할 수 있을 때.

    자산을 처분함으로 돈을 언제 받느냐는 중요치 않다. 자산이 나가는 사건이 더 중요하다. 물론 그 자산에 대한 대가가 확정되어야 숫자로 기록할 수 있으므로, 측정 가능성이 전제되어야 한다.

> **예시**   4월 1일에 자동차를 처분하고 대금을 7월 1일에 받기로 한 경우, 자동차를 자산에서 제거하는 시점은 4월 1일이 된다.

③ 부채의 증가 인식시점

해당 부채에 대한 의무가 확정되고 그 가치를 측정할 수 있을 때.

> **예시**   4월 1일에 자동차를 인수하고 대금을 7월 1일에 주기로 한 경우, 의무 및 가치가 확정되는 4월 1일이 부채의 인식시점이 된다.

④ 부채의 감소 인식시점

해당 부채에 대한 의무가 이행되고 그 가치를 측정할 수 있을 때.

> **예시** 4월 1일에 자동차를 인수하고 대금을 7월 1일에 주기로 한 경우 미지급금(유동부채)이 발생하며, 실제로 대금을 지급하는 때에 미지급금에 대한 의무가 이행되므로 부채를 제거한다. 대금지급 약정일은 7월 1일이지만 실제로 대금을 지급한 날짜가 6월 1일 혹은 8월 1일이라면 부채를 제거하는 시점은 약정일인 7월 1일이 아닌 실제 이행하는 6월 1일 혹은 8월 1일이 된다.

⑤ 수익의 인식시점

수익을 얻기 위한 결정적 행위가 있고, 그로 인해 얻거나 얻을 수 있는 금액을 측정할 수 있을 때.

수익은 일반적으로 재화를 판매하거나 서비스를 제공함으로 발생한다. 재화 판매에 있어 결정적 행위는 재화를 인도하는 것이며, 서비스 제공에 있어 결정적 행위는 서비스 제공을 완료하는 것이다. 따라서 재화 인도 시와 서비스 완료 시에 수익을 인식한다. 이는 돈을 언제 받느냐 하는 것은 수익(매출) 인식시점 결정에 있어 아무런 상관이 없다는 것이다.

참고로 서비스 제공에 있어 몇 년 이상 걸리는 경우(건설업 등)에는 위의 서비스 수익 인식처럼 적용하면 완료하기 이전 수년간은 수익을 인식할 수 없는 문제가 생기므로 매년 서비스 진행률을 적용하여 수익을 인식한다. 이를 진행기준이라 하는데, 본서의 수준을 넘어가므로 자세한 설명은 생략하기로 한다.

⑥ 비용의 인식시점

비용은 돈을 지출하는 것과 관련이 있다. 돈을 지출하는 경우는 크게 세 가지다. 무언가를 사거나, 무언가를 갚거나, 아니면 무언가에 소비하는 것이다. 무언가를 사는 것은 자산을 사는 것이며, 무언가를 갚는 것은 부채를 갚는 것이고, 무언가를 소비하는 것은 비용이 발생하는 것이다. 직관적으로는 무언가를 소비하는 것만이 비용과 관련된 것처럼 보이나, 무언가를 사서 자산으로 인식한 후 후속적으로 비용으로 소비되는 경우도 있다. 따라서 무언가를 갚는 것을 제외하고는 모두 비용과 관련이 있으며, 비용의 인식시점은 다음과 같이 크게 세 가지로 구분할 수 있다.

- 수익과 인과관계가 있는 경우 수익 인식시점에 비용도 인식

수익이 발생함에 따라 필연적으로 비용이 발생하는 것들이 있다. 대표적인 것이 매출원가인데, 매출원가는 매출이 없으면 발생할 수 없기 때문이다. 따라서 매출원가는 매출과 동시에 발생한다. 매출원가와 관련하여서는 후술하기로 한다.

- 우선 자산으로 계상 후 기간 경과에 따라 인위적으로 배분하여 인식

최초에는 자산의 형태로 보유하다가, 시간이 지나면서 조금씩 자산을 비용으로 전환하는 방식이다. 대표적인 예가 유형자산 및 무형자산의 감가상각이다. 상각과 관련하여서는 후술하기로 한다.

- 발생 즉시 인식

지출이 자산 취득을 위한 것 또는 부채를 갚는 목적이 아니라면 대부분은 비용이 발생하는 거래이다. 이러한 경우에는 발생 즉시 비용으로 인식하는데, 주의할 점은 돈

을 언제 지출하느냐 하는 것은 비용 인식 시점 결정에 있어 아무런 상관이 없다는 것이다. 즉 먼저 비용이 인식되고 그 후 지출될 수도 있으며, 먼저 지출되고 그 후 비용이 인식될 수도 있다. 가령 회사가 직원을 고용하여 일을 시키고 월급을 주지 않는다 하더라도 인건비(비용)를 인식해야 하는 것이다.

(3) 얼마에 기록할 것인가?

측정이란 거래를 화폐가치, 즉 숫자로 표시하는 것으로 이해할 수 있다. 통상 대부분의 거래는 돈을 주고받기 때문에, 주고받은 금액을 곧 공정가치라고 생각하면 된다. 그러나 회계는 현금주의가 아닌 발생주의를 적용하므로, 돈이 오가지 않는 거래도 발생할 수 있다. 예를 들어, 외부 제삼자가 회사에 토지를 기부했다면 회사는 토지를 받을 뿐 돈을 지급하지 않는다. 그렇다면 이 토지를 얼마로 기록해야 할까? 이럴 때는 실제 시장에서 불특정 다수 간 거래가 이루어질 경우 수수될 현금으로 토지의 가액을 측정하는 것이 합리적이며, 이러한 가액을 공정가치(Fair Value)라 한다.

(4) 어떤 표현으로 기록할 것인가?

앞서 이야기한 것처럼 회계는 하나의 언어다. 언어는 서로의 의사소통을 돕기 위한 수단이므로 간단명료하면서도 표현력이 충분하여야 한다. 수많은 표현 방식 중 회계는 간단한 단어와 숫자, 그리고 왼편(차변)과 오른편(대변)의 구분을 통해 의사소통하는 방식을 택했다. 이때 사용하는 간단한 단어를 계정과목이라 한다.

계정과목은 재무상태표나 손익계산서에 들어가는 항목이다. 재무상태표는 자산, 부채, 자본으로 구성되고 손익계산서는 수익, 비용으로 구성되므로 당연히 계정과목도 자산, 부채, 자본, 수익, 비용으로 구분된다.

계정과목은 무수히 많지만 개초보 단계에서 알아두면 좋은 계정과목의 예시는 다음과 같다.

대분류	중분류	소분류	계정과목
자산	유동자산	당좌자산	현금및현금성자산, 단기금융상품, 매출채권, 선급비용, 미수수익, 미수금, 선급금, 단기대여금
		재고자산	상품, 제품, 재공품, 원재료
	비유동자산	투자자산	장기금융상품, 투자부동산, 장기대여금
		유형자산	토지, 건물, 구축물, 기계장치, 차량운반구, 비품, 건설중인자산
		무형자산	지식재산권, 개발비, 소프트웨어
		기타비유동자산	임차보증금, 장기매출채권, 장기미수금
부채	유동부채		단기차입금, 매입채무, 미지급금, 미지급비용, 선수금, 선수수익, 예수금
	비유동부채		장기차입금, 사채, 퇴직급여충당부채, 임대보증금, 장기매입채무, 장기미지급금
자본	자본금		보통주자본금, 우선주자본금
	자본잉여금		주식발행초과금, 감자차익, 자기주식처분이익
	자본조정		주식할인발행차금, 감자차손, 자기주식처분손실, 자기주식
	이익잉여금		이익준비금, 기타적립금, 미처분이익잉여금

대분류	중분류	소분류	계정과목
수익	매출		상품매출, 제품매출
	영업외수익		이자수익, 배당금수익, 유형자산처분이익, 자산수증이익, 채무면제이익, 잡이익
비용	매출원가		상품매출원가, 제품매출원가
	판매관리비		급여, 상여, 퇴직급여, 복리후생비, 여비교통비, 접대비, 통신비, 수도광열비, 전력비, 세금과공과금, 감가상각비, 지급임차료, 수선비, 보험료, 차량유지비, 경상연구개발비, 운반비, 교육훈련비, 도서인쇄비, 회의비, 사무용품비, 소모품비, 지급수수료, 광고선전비, 대손상각비, 무형자산상각비, 잡비
	영업외비용		이자비용, 기부금, 유형자산처분손실, 잡손실

상기 계정과목은 자주 접하다 보면 자연스럽게 익숙해진다. 처음부터 외울 필요는 없고, 반드시 100% 정확한 계정과목을 사용할 필요도 없다(의미만 통하면 충분). 물론 자주 접하지 않으면 체득이 안 된다. 계정과목에 관해서는 이 책 뒷부분에 정리해 놓은 '개초보 실전 치트키'를 참조 바란다.

(5) 어떤 방식으로 기록할 것인가?

회계적 사건이 발생하여 인식할 시점이 정해지고 금액으로 측정이 가능하면 비로소 회계처리를 수행할 수 있다. 회계처리는 복식부기 및 대차평균의  원리를 따라야 한다. 복식부기란 하나의 회계적 거래에 대하여 왼쪽(차변)과 오른쪽(대변)으로 구분하여 각각 기입하는 것이다. 대차평균의 원리란 차변 금액 합계와 대변 금액 합계가 동일하다는 것이다. 그렇다면 어느 것을 차변에 기록하고 어느 것을 대변에 기록하는 것일까? 컴퓨터는 0과 1을 구분하므로 위대하다면, 회계는 왼쪽과 오른쪽을 구분하므로 위대하다고 할 수 있는데, 다음의 간단한 그림을 통해 왼쪽과 오른쪽의 구분 논리를 이해할 수 있다.

회계에서는 왼쪽은 차변이고 오른쪽은 대변이다. 그리고 재무상태표상 자산은 차변, 부채 및 자본은 대변에 표시한다. 이것은 자연의 법칙은 아니지만, 오랫동안 설정된 규칙이라고 이해하면 좋다(야구에서 타자가 타격을 하면 그냥 1루를 향해 달리는 것이 당연한 규칙인 것처럼). 이 규칙에서부터 출발하면 모든 회계처리 논리를 설명할 수 있다.

자산은 차변 항목이므로 증가하면 차변에 기재하고 감소하면 그 반대편인 대변에 기재한다. 부채 및 자본은

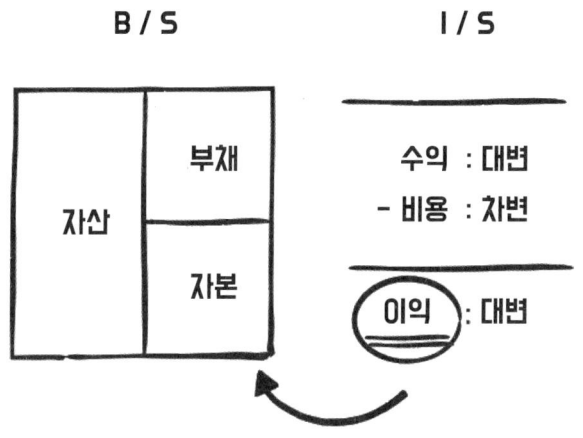

대변 항목이므로 증가하면 대변에 기재하고 감소하면 그 반대편인 차변에 기재한다. 방정식에서 이항하는 경우 부호가 바뀌는 논리와 비슷하다.

그렇다면 수익과 비용은 어떻게 기재하여야 할까?

재무상태표와 손익계산서의 연결고리를 생각하면 쉽다. 수익에서 비용을 차감한 이익은 자본에 가서 들러붙는 성질이 있으므로 이익은 자본과 동일하다고 말할 수 있다. 즉 이익은 대변 항목이다. 수익은 이익과 같은 방향이므로 수익이 증가하면 대변에 기재하고 수익이 감소하면 그 반대편인 차변에 기재한다. 비용은 이익과 반대 방향이므로 비용이 증가하면 차변에 기재하고 비용이 감소하면 그 반대편인 대변에 기재한다.

요약하면 다음의 표로 정리할 수 있다.

구분	차변	대변
자산	+	-
부채	-	+
자본	-	+
수익	-	+
비용	+	-

몇 가지 간단한 예로 회계처리를 이해해 보자.

사례	토지를 현금 100에 구입: 회사에 토지가 들어오고 현금은 나감
(차변) 토지 100	(대변) 현금 100
토지는 자산. 자산의 증가는 차변에 기록.	현금은 자산. 자산의 감소는 대변에 기록.

사례	은행으로부터 현금 100을 빌림: 회사에 현금이 들어오고 갚아야 할 의무 발생	
(차변) 현금 100		(대변) 차입금 100
현금은 자산. 자산의 증가는 차변에 기록.		차입금은 부채. 부채의 증가는 대변에 기록.

사례	빵을 팔아서 현금을 100 수령: 회사에 현금이 들어오고 매출이 발생	
(차변) 현금 100		(대변) 매출 100
현금은 자산. 자산의 증가는 차변에 기록.		매출은 수익. 수익의 발생은 대변에 기록.

사례	보험료로 현금 100 납부: 보험료로 회사에서 현금이 나감	
(차변) 보험료 100		(대변) 현금 100
보험료는 비용. 비용의 발생은 차변에 기록.		현금은 자산. 자산의 감소는 대변에 기록.

사례	액면가액 10의 주식을 10주 발행: 자본조달을 통해 회사에 현금이 들어옴	
(차변) 현금 100		(대변) 자본금 100
현금은 자산. 자산의 증가는 차변에 기록.		자본금은 자본. 자본의 증가는 대변에 기록.

회계처리 팁을 하나 주자면, 우선 현금이 들어오는지 나가는지를 먼저 파악한다. 현금이 들어오면 차변에, 나가면 대변에 기재하고 나머지를 반대쪽에 기록하면 된다.

여러분은 임대차계약이라는 말을 들어 보았을 것이다. 통상 건물을 빌려 쓸 때 체결하는 것으로 세입자가 건물주에게 보증금과 월세를 지급하는 방식이다. 이때 등장하는 용어가 임차보증금, 임대보증금, 임차료, 임대료인데, 이 용어를 명확히 구분할 수 있는 사람은 의외로 많지 않다. 우리는 자산, 부채, 자본, 수익, 비용 개념을 알고 있으며 방금 차변과 대변의 개념을 알게 되었으므로 이제 확실히 구분할 수 있다.

세입자가 건물주에게 주는 보증금은 속성이 자산이다. 계약 종료 후 건물에서 퇴거 시 보증금을 돌려받을 수 있는 권리가 있기 때문이다. 위에서 자산은 차변항목이라고 정의했으므로 이러한 보증금을 임차보증금이라 한다.

반대로 건물주 입장에서 수령하는 보증금은 속성이 부채다. 계약 종료 후 보증금을 돌려줘야 할 의무가 있기 때문이다. 위에서 부채는 대변항목이라고 정의했으므로 이러한 보증금을 임대보증금이라 한다.

세입자가 건물주에게 매달 지급하는 월세는 속성이 비용이다. 위에서 비용은 차변항목이라고 정의했으므로 이러한 월세를 임차료라고 한다.

반대로 건물주 입장에서 수령하는 월세는 속성이 수익이다. 위에서 수익은 대변항목이라고 정의했으므로 이러한 월세를 임대료라고 한다.

요약하면 다음의 표로 정리할 수 있다.

구분	보증금	월세
건물주	임대보증금(부채)	임대료(수익)
세입자	임차보증금(자산)	임차료(비용)

요약 재무상태표는 회사의 특정 시점 재산 상황을 보여준다.
손익계산서는 회사가 일정 기간에 벌고 쓴 내역을 보여준다.
재무상태표와 손익계산서는 이익으로 연결된다.
계정과목과 차변/대변을 알면 회계처리를 할 수 있다.
자산의 고향은 차변, 부채와 자본의 고향은 대변이다.
이것만 알면 차변과 대변을 구분할 수 있다.
너희들 정말 구분할 수 있니?

앞으로 나아가는 데는 용기가 필요하다. 그러나 아니다 싶을 때 되돌아가는 데에는 더 큰 용기가 필요하다.

여러분은 이미 어느새 회계에 관한 한 대한민국 1%가 되었다. 이것으로도 충분하지만, 이왕 여기까지 왔는데 한 걸음 더 못 디딜까?
이 장에서는 앞서 익힌 회계의 기본을 바탕으로, 한 걸음 더 깊이 들어간다.

한 걸음 더.
요만큼만!

걱정할 필요는 없다. 이 장의 목적은 이미 갖추어진 단단한 뼈대에 살을 덧붙여서 회계라는 언어를 더욱 풍성하게 발전시키는 것일 뿐. 잘 모르고 이해가 안 되어도 크게 신경 쓰지 말자. 어차피 언어는 많이 사용하면 할수록 늘기 마련.

여전히 어색하고 낯설겠지만 반복해서 사용하면 그동안 남의 나라 이야기였던 것들이 어느 순간 나에게 확 다가온다. "아, 이런 뜻이었어?" 하고 고개를 끄덕이게 되는 환희를 맛볼 것이다. 이제 여러분의 회계력 상승은 시간문제다.

01
판매를 위한 물건에는 회사의 사활이 걸려 있다

매출원가는 앞서 말한 것처럼 매출에 대한 비용이다. 유통업을 예로 들면 상품 판매 시 판매되는 상품을 들여오는 데 들어간 매입비용을 뜻한다. 전기로부터 이월된(넘어온) 기초상품과 당기상품매입액을 합치면 '판매가능상품'이 된다. 이는 향후 판매되거나 남거나 둘 중 하나가 된다. 판매된 것을 매출원가, 판매되지 않고 남은 것을 기말재고자산이라고 하며, 자연스럽게 아래의 등식이 도출된다.

기초상품 + 당기상품매입액

= 매출원가(판매된 것) + 기말상품(남아 있는 것)

매출원가는 매출이 발생하는 시점과 동시에 발생한다. 매출은 일반적으로 연중 수시로 무수히 많이 발생하므로, 그에 따라 매출원가도 수시로 인식하여야 한다. 거래 상대방에게 상품을 발송하고 대금을 청구하기 때문에 매출액은 즉시 쉽게 집계할 수 있지만 매출원가의 경우에는 그리 쉬운 문제가 아니다. 그 이유는 매출이 수시로 발생하는 가운데 판매할 상품을 계속 구입하고, 그 가격도 수시로 변동하므로 판매된 상품의 단위당 원가를 파악하는 일이 실무적으로 번거롭고 어렵기 때문이다.

따라서 회계는 이러한 실무적 문제를 해결하기 위해 원가흐름의 가정이라는 고안책을 생각해냈다. 즉 상품 단위당 원가를 일정한 가정에 의하여 계산함으로써 매출원가를 간편하게 산정하는 것이다.

원가흐름의 가정에는 일반적으로 사용되는 두 가지 방법이 사용된다. 선입선출법(First In First Out)과 평균법이다. 선입선출법은 먼저 구입한 상품이 먼저 팔린다고 가정하므로, 기말재고의 단위당 원가는 주로 연말에 구입한 가격이 적용된다. 평균법은 기초재고와 당기 매입 총원가를 전체 수량으로 나누어 평균단가를 구한 뒤, 판매수량과 기말재고수량에 각각 평균단가를 곱하여 매출원가와 기말재고를 계산한다. 이 경우 매출원가와 기말재고 단위당 원가는 동일하게 산정된다.

매출원가 회계처리는 원칙적으로는 매출이 발생함과 동시에 해야 한다. 그러나 실무적으로는 매출이 이루어질 때 매출에 대한 회계처리만 수행하고 매출원가에 대한 회계처리는 기말 시점에 한 번만 수행하는 경우가 많다. 그 이유는 앞서 언급했듯 매출원가를 건건이 계산하기 어렵고, 원가흐름의 가정에 따른 단위당 원가 산정이 기말 시점에야 가능하기 때문이다. 매출원가 관련 회계처리는 다음과 같다.

실제 매입 시 회계처리:

(차변) 당기매입 200 (대변) 현금 200

▷ 당기 중 매입할 때마다 회계처리 수행

기말 시점 회계처리(1):

(차변) 매출원가 10 (대변) 재고자산(기초) 10

▷ 기초 재고자산이 모두 판매된 것으로 보고 매출원가로 인식하는 회계처리

기말 시점 회계처리(2):

(차변) 매출원가 200 (대변) 당기매입 200

▷ 당기 중 매입했던 재고자산을 다 팔린 것처럼 가정하여 매출원가로 인식하는 회계처리

기말 시점 회계처리(3):

(차변) 재고자산(기말) 20 (대변) 매출원가 20

▷ 기초재고와 당기 중 매입했던 재고자산을 다 팔린 것처럼 가정하여 매출원가로 인식했으나, 실제 팔리지 않은 기말 재고자산이 있으므로 그만큼 매출원가를 취소함과 동시에 재고자산을 살리는 회계처리

상기 분개를 해석하면 전기로부터 넘어온 기초재고와 당기 중 매입한 상품의 원가를 일단 모두 팔린 것처럼 가정하여 매출원가로 기록해 놓은 다음, 기말재고를 매출원가에서 차감하면 너무도 당연하게 매출원가가 산정된다는 것이다.

기초재고 + 당기매입 − 기말재고 = 매출원가

기초재고는 전기 결산 시 이미 확정된 금액이며, 당기매입은 당기에 이미 구입된 비용으로 총금액에 대한 집계는 완료된 상태이다. 선입선출법 또는 평균법을 적용하여 단위당 원가를 구한 후 기말재고수량에 곱하면 기말재고금액이 산정되며, 기말재고금액을 알면 매출원가는 자동으로 구해진다.

예제 다음 각 상황에서 선입선출법 및 총평균법 하의 매출액, 매출원가, 기말재고금액은?

기초재고:	200개(단가 500원)
당기매입:	2월 300개 매입(단가 550원), 6월 400개 매입(단가 600원), 9월 500개 매입(단가 650원)
당기판매:	5월 300개 판매(판매단가 800원), 12월 700개 판매(판매단가 900원)

풀이

매출액: 300개×800원+700개×900원=870,000원

기말재고수량: 기초재고 200개 + 당기매입 1,200개-판매 1,000개

=400개

선입선출법 매출원가

기초 200개×500원+2월 매입 300개 × 550원+6월 매입 400개 × 600원+9월 매입 100개 × 650원=570,000원

선입선출법 기말재고

400개×9월 단가 650원=260,000원

총평균법 매출원가

1,000개×평균단가 593원=593,000원

총평균법 기말재고

400개 × 평균단가 593원=237,000원

총평균단가 = (기초재고 200개 × 500원+2월 매입 300개×550원+6월 매입 400개×600원 + 9월 매입 500개×650원)/1,400개=593원

02
자동차는 탈수록 낡아간다

새 차를 구입한 후 하루만 타도 중고차가 되어 그 가치는 하락한다. 타면 탈수록, 시간이 흐를수록 가치는 계속 하락한다. 그러나 과연 얼마만큼 하락할지는 신이 아닌 이상 알 수가 없다. 차는 대표적인 유형자산이며, 앞서 이야기한 것처럼 유형자산과 무형자산은 회사가 주된 영업활동을 위해 1년 이상 사용하는 자산이다. 꽤 오랜 시간을 사용하는데, 사용하면 할수록 해당 유무형자산의 가치가 감소하는 것은 일반적인 현상이다. 새 건물

과 헌 건물, 새 차와 중고차, 막 등록한 특허권과 한물간 특허권 등등. 분명 처음 취득했을 때보다 가치가 감소했으므로, 회계라는 언어에서는 반드시 이 부분을 말할 필요가 있다. 그런데 도대체 얼마나 감소했는지를 알 길이 없다. 그래서 그냥 인위적으로 계산하기로 했고, 이를 '상각(償却)'이라고 한다.

상각은 유형자산과 무형자산에 대해 경제적 수명(물리적 수명이 아님)에 따른 가치 감소분을 비용으로 인식하는 절차다. 일반적으로 건물은 40년간 상각이라는 절차를 통해 가치를 깎아낸다. 40억짜리 건물이라면, 매년 1억씩 감가상각비라는 비용을 통해 가치를 줄여나가는 것이다. 감가상각비는 비용이지만 실제로 현금 유출이 없는, 그냥 마음속으로 인정하여 새겨 넣는 비용이라는 점에서 특이하다. 40년이 지나면 건물은 완전히 상각되어 재무상태표상 가치가 '영(0)'으로 표시되지만, 그렇다고 해서 건물이 한 순간에 와르르 무너지는 것은 아니다(건물이 튼튼하면 계속 사용할 수 있다). 즉 회계장부상 금액적으로는 '영(0)'이어서 의미는 없으나 실제적으로는 계속 사용 가능하다.

상각하는 방식은 정액법과 정률법으로 구분할 수 있다. 정액법은 상각대상금액(취득가액-잔존가액)을 내용연수로 나누어 매년 동일한 금액을 상각하는 것이며, 정률법은 장부가치(취득가액-감가상각누계액)에 매년 동일한 비율을 곱하여 상각하는 것으로 초기에 많이 상각하고 말기에 적게 상각하게 되는 효과가 있다.

회계처리 및 계정과목에 있어서는 유형자산과 무형자산에 따른 차이가 있다. 재무제표에 표시되는 형태는 다음과 같다.

회계처리

유형자산(간접상각법):

- 취득 시 (차변) 건물 4,000 (대변) 현금 4,000
- 결산 시 (차변) 감가상각비 100 (대변) 감가상각누계액 100

무형자산(직접상각법):

- 취득 시 (차변) 특허권 1,000 (대변) 현금 1,000
- 결산 시 (차변) 무형자산상각비 100 (대변) 특허권 100

부분 재무상태표

자산	
비유동자산	
유형자산	
건물	4,000
감가상각누계액	(100)
무형자산	
특허권	900

부분 손익계산서

판매비와관리비	
감가상각비	100
무형자산상각비	100

재무상태표상에서 유형자산은 감가상각누계액이라는 자산의 차감 항목을 사용하여 당초 취득가액은 그대로 살려두고, 그 취득가액 아래에 감가상각누계액을 마이너스로 기재해 장부가액(취득가액-감가상각누계액)을 표시한

다. 반면 무형자산은 무형자산상각비만큼을 당해 자산에서 직접 차감하여 표시한다. 필자의 추측으로는 유형자산은 실물이 있으므로 상각이 완료되더라도 그 존재를 표시할 필요가 있으나, 무형자산은 실물이 없으므로 상각완료되면 굳이 존재를 표시할 필요가 없어서 이러한 차이가 있는 것으로 보인다.

감가상각비와 무형자산상각비는 비용 항목으로, 성격에 따라 제조원가(제품 생산 관련) 혹은 판매비와관리비로 처리한다. 감가상각누계액은 재무상태표에 나타나는 유형자산 차감계정으로, 해당 자산의 감가상각비가 시간의 경과에 따라 누적되어 점차 늘어난다.

> **예제** 2022.01.01 내용연수 5년 잔존가치 100,000원 기계장치 1,000,000원 취득. 2022년 및 2023년 결산 시 정액법 및 정률법에 의한 감가상각 회계처리와 재무상태표 표시를 나타내시오(5년 정률 0.369).

정액법

2022년 상각비: (1,000,000−100,000)/5=180,000

(차변) 감가상각비 180,000 (대변) 감가상각누계액 180,000

자산	
비유동자산	
유형자산	
기계장치	1,000,000
감가상각누계액	(180,000)

2023년 상각비: (1,000,000−100,000)/5=180,000

(차변) 감가상각비 180,000 (대변) 감가상각누계액 180,000

자산	
비유동자산	
유형자산	
기계장치	1,000,000
감가상각누계액	(360,000)

정률법

2022년 상각비: 1,000,000×0.369=369,000

(차변) 감가상각비 369,000 (대변) 감가상각누계액 369,000

자산	
비유동자산	
유형자산	
기계장치	1,000,000
감가상각누계액	(360,000)

2023년 상각비: (1,000,000−369,000)×0.369=232,839

(차변) 감가상각비 232,839 (대변) 감가상각누계액 232,839

자산	
비유동자산	
유형자산	
기계장치	1,000,000
감가상각누계액	(601,839)

개초보 잡담!

유형자산 중에서 시간이 흘러도 가치가 하락하지 않고 오히려 상승하는 것이 있다. 바로 토지이다. 토지는 닳아 없어지는 것이 아니므로 상각을 수행하지 않는다. 그리고 건설중인자산이라는 계정도 상각을 수행하지 않는다. 건설중인자산은 현재 건설 진행 중이므로 가치가 계속 올라갈 것이며, 건물 등으로 완공된 이후 상각을 수행한다. 감가상각비는 현금이 빠져나가지 않는 비용이므로 현금주의 단식부기에서는 등장할 이유가 없다. 복식부기를 적용하는 회사는 유형자산의 가치 감소분을 인식하고 이에 대한 대비를 하는 반면, 단식부기를 적용하는 단체는 이러한 비용이 인식되지 않아 아무래도 향후 일시적으로 크게 지출되는 유형자산 취득에 대한 대비가 잘 이루어지지 않는 맹점이 있다.

또한 상각비는 현금이 빠져나가지 않지만 세무상 비용으로 인정되기에 세금을 절감해 주는 효과(절세효과)가 있는데, 이를 'Tax Shield Effect'라고 한다. 상각비는 비용이지만 오히려 세금을 절감해 준다는 점에서 재미있고 특이하며, 현금흐름을 분석하는 재무관리(기업가치평가) 등에서 신경 써야 할 부분이 있다. 향후 필자가 《개초보가치평가》 집필을 하게 되면 당연히 등장할 것이다.

03
외상으로 팔면 늘 불안하다

필자는 고2 때부터 당구를 쳤다. 주로 중간고사나 기말고사 후 넉넉한(?) 오후 시간에 교복을 입고 넥타이를 살짝 풀어 헤친 채로 당구장으로 몰려갔다.

고딩들이었다 보니 수중에 돈이 별로 없어서, 간혹 게임비가 큰 경기를 물리게 되면 당구장 사장님께 '가리(외상으로 당구를 친다는 당구계 표현)'를 외치곤 했다. 그때 사장님의 난감해 보이던 표정이 지금도 생생히 기억난다. 사장님은 왜 난감한 표정을 지으셨을까? 그 이유는 너무 당연하게도 돈을 받을 수 없을지도 모른다는 불안감 때문이다.

어떤 거래로 인해 돈을 받을 권리가 생길 수 있다. 예를 들어 당구장 사용료를 바로 현금으로 받을 수도 있지만, 거래 상대방에 따라 몇 달 뒤에야 돈을 받을 수도 있다. 이러한 경우를 '채권이 발생한다'고 표현한다. 채권은 무언가(보통 돈이지만 경우에 따라 재화나 서비스일 수도 있다)를 받을 수 있는 권리이다. 그런데 채권은 막 바로 현금을 수령하는 것보다는 약간 꺼림직하다. 그 이유는 몇 개월 후 과연 그 돈을 다 받을 수 있을지 확신하기 어렵기 때문이다.

회계에서는 이러한 회수 불확실성을 '대손상각'이라는 용어로 표현한다. 예를 들어 채권이 100이라 해도 과거 경험 등을 고려했을 때 실제 회수 가능한 금액이 90이라면, 나머지 10은 대손상각 절차를 거쳐 실질 채권을 90만큼만 표시하는 것이다.

대손상각은 약간 주관적일 수 있지만, 일반적으로 채권의 나이가 많은 경우(오래된 채권을 의미) 더 많은 금액을 대손상각 처리한다. 즉 발생한 지 1개월이 된 채권보다는 1년 된 채권의 회수 가능성이 현저히 떨어진다는 논리이다. 회계처리 및 재무제표에 표시되는 형태는 다음과 같다.

회계처리

| 외상매출 발생 시 (차변) 매출채권 100 (대변) 매출 100
| 기말 대손예상액 설정 시 (차변) 대손상각비 10 (대변) 대손충당금 10

부분 재무상태표

자산	
유동자산	
당좌자산	
매출채권	100
대손충당금	(10)

부분 손익계산서

판매비와관리비	
대손상각비	10

재무상태표에서 매출채권은 대손충당금이라는 자산의 차감 항목을 사용하여 표시한다. 당초 원본가액은 그대로 살려두고, 그 원본가액 아래에 대손충당금을 마이너스

로 기재하여 장부가액(원본가액-대손충당금)을 표시한다.

대손상각비는 비용 항목으로 그 성격에 따라 판매비와관리비 또는 영업외비용(주된 영업활동에 대한 채권이 아닌 경우. 대여금에 대한 대손상각비 등)으로 분류한다.

향후 실제 매출채권 중 일부에 대해 회수가 불가능한 것으로 판명(부도확정, 파산 등)되는 경우 아래와 같은 회계처리를 수행한다.

(ㄱ) 매출채권 5 회수 불가능 → (차변) 대손충당금 5
→ (대변) 매출채권 5
(ㄴ) 매출채권 10 회수 불가능 → (차변) 대손충당금 10
→ (대변) 매출채권 10
(ㄷ) 매출채권 15 회수 불가능 → (차변) 대손충당금 10
→ (대변) 매출채권 15
→ 대손상각비 5

(ㄷ)의 경우 설정해 놓은 대손충당금이 10밖에 없기 때문에 나머지 5는 대손상각비로 처리한다.

개초보 잡담!

필자는 고딩 2학년(4구) 시절부터 지금(3구)까지 당구를 치고 있다. 고딩 2학년 때 함께 당구를 즐기던 친구들과 지금도 함께 큐를 잡는다. 개인 큐를 마련할 정도로 좋아하는 취미활동이다. 당구장에 가면 젊은 사람들보다는 나이가 있으신 분들이 많이 보인다. 나이가 들어서 당구를 친다는 것은 어떤 의미일까?

건강이 뒷받침되어야 하고 친구가 있어야 하며 돈도 어느 정도 있어야 한다. 인생을 나름대로 의미 있게 살아 온 분들이 누릴 수 있는 소소한 행복 아닐까?

나이가 들어 아내의 잔소리를 뒤로하고 친구들을 만나러 당구장으로 출근하는 나의 모습을 상상해 본다.

04
한번 비유동은 영원한 비유동인가?

유동·비유동은 앞서 설명한 것처럼 '돈으로 전환되는 속도'를 의미하는 것으로 재무상태표에 적용되는 개념이다. 표시 시점에는 비유동으로 기록되더라도 기업이 망하지 않고 계속 경영을 하면 언젠가는 유동으로 전환되는 시점이 온다. 이러한 경우 비유동에서 유동으로 전환을 시켜줄 필요가 생기며 이를 유동성대체라고 표현한다. 유동성대체의 대표적 사례는 장기차입금(비유동부채)이 유동성장기차입금(유동부채)로 전환되는 것이다. 최초 3년 만기로 은행에서 돈을 빌린 경우 장기차입금으로 계상했다가, 2년이 지나면 만기가 1년 이내로 들어오게 되므로 비유동부채에서 유동부채로 대체하는 것이다. 이것은 재무제표를 이용하는 정보이용자에게 '부채를 갚아야 할 시기가 도래했다'라는 의미 있는 정보를 제공하기 때문에 중요하다고 할 수 있다. 참고로 애초 차입 당시 만기가 1년 이내인 것은 단기차입금으로 표시하므로 유동성장기차입금과는 태생이 다르다고 할 수 있다.

> **예제** 2022.01.01 은행으로부터 만기 1년 6개월로 500억을 차입했을 경우 차입 시와 기말 결산 시 회계처리를 하시오.

풀이
| 2022.01.01 (차변) 현금 500억 (대변) 장기차입금 500억
| 2022.12.31 (차변) 장기차입금 500억 (대변) 유동성장기차입금 500억

05
자산은 착한 놈, 부채는 나쁜 놈?

필자는 처음 회계학을 접하면서 '자산은 좋고 부채는 나쁘다'라는 지극히 이분법적인 사고를 가졌었다. 물론 이는 대체로 합리적이고 적절하며 간단한 틀을 제공한다. 재산이 많고 갚을 돈이 적은 상태를 어느 누가 마다하겠는가?

그러나 자산이 마냥 다다익선인 것은 아닌데, 그 대표적 항목이 바로 채권과 재고이다.

채권은 채권자가 채무자에게 일정한 행위를 요구할 수 있는 권리로서 통상 돈(재화, 서비스)을 받을 권리를 의미한다. 겉으로는 긍정적인 의미 같지만 실상은 돈을 받지 못함에 따라 발생한 권리에 불과하다. 즉 거래의 대가로서 돈을 받아야 하지만 거래 상대방의 요구와 협박(?)에 의해 돈 받을 순간을 불확실한 미래로 연기시킨 것이 바로 채권이다. 나중에 채권을 잘 회수하면 그래도 다행이지만, 일부 거래처 및 일정 금액에 대해서는 채권을 회수하지 못하는 경우가 종종 발생한다. 따라서 회사의 재무상태표상 채권(매출채권, 미수금 등)이 전체 자산 대비 크게 잡혀 있으면 그리 좋은 신호가 아님에 유념해야 한다.

재고자산은 판매를 하기 위해 보유하는 재화로, 도소매업 또는 제조업에 있어서는 아주 중요한 자산이다. 거래처에 안정적인 재화를 공급(우리 입장에서는 매출)하기 위해서는 적정 수준의 재고자산을 보유하고 있어야 한다. 그러나 너무 과한 재고자산을 보유할 경우에는 그에 비례하는 재고유지비용(보관시설, 관리인력 등)을 부담하여야 한다. 또한 재고자산을 잘 팔면 괜찮지만 다양한 이유로 제때에 판매를 하지 못한다면 유통기한이 짧거나 유행에 민감한 재고는 저렴하게 판매(일명 '땡처리')하거나 폐기해야 하는 등 극심한 이중고를 겪기 마련이다. 채권과 마찬가지로 재고자산도 전체 자산 대비 크게 잡혀 있으면 재고 부담에 대한 측면을 고려해야 한다.

부채는 남에게 갚아야 할 의무로, 즉 빚이다. 흔히 가능하면 빚은 지지 않는 것이 좋고, 빚이 있다면 가급적 빨리 갚는 것이 좋다고들 알고 있다. 맞는 말이다. 그런데 신용사회에서는 빚을 지는 것도 능력일 수 있다. 가령 필자와 개초보 사회초년생이 동시에 동일한 은행에 가서 돈을 빌린다고 할 때 은행 입장에서 누구에게 보다 많은 돈을 낮은 이율로 빌려주겠는가를 생각하면 쉽다. 회사가 신용이 좋고 괜찮은 투자 기회를 가지고 있다면 부채를 사용하는 것이 효과적일 수 있다. 낮은 금리를 부담한 부채로 높은 투자수익률을 가진 투자안에 투자하여 차익을 향유하는 것은 훌륭한 경영이다(물론 리스크는 있다). 재무관리에서는 부채조달비용(차입이자율)이 자본조달비용(주주에 대한 비용)보다 낮다고 보는 것이 일반적이다. 그리고 부채를 사용함에 따라 발생하는 이자비용은 법인세를 줄여주는 효과(법인세절감효과, Tax Shield Effect)도 있다. 자산이나 자본 대비 과다한 부채는 회사에 부담(파산위험)을 가져오지만, 적절하고 건전한 부채의 사용은 회사의 성장과 가치를 증가하는 데 필수적 요건일 수 있다.

06
회사의 주인(주주)이 원하는 정보는 무엇인가?

회사의 주인은 주주(주식회사의 경우)를 말한다. 주주는 회사의 재산상태(재무상태표)와 경영성과(손익계산서)를 면밀히 분석해 본인의 현재 및 미래의 부를 극대화하려고 노력한다. 주주는 자신의 돈을 투자하고 있으므로, 너무도 당연하게도 자신들의 부를 좀 더 구체적으로 보기를 원한다. 즉 나의 부가 어떤 방식을 통해서 증가하고 감소했는지가 궁금하다는 것이다. 앞서 본 것처럼 주주지분은 재무상태표상 자본으로 표시되므로 자본을 좀 더 자세하게 보여주면 해결된다.

재무제표 중 하나인 자본변동표는 명칭 그대로 자본의 변동을 보여주는 표이다. 자본은 재무상태표의 구성항목으로, 재무상태표에서는 일정 시점 현재 자본의 상태만을 보여주었다. 하지만 자본변동표는 자본금, 자본잉여금, 이익잉여금 등 자본의 구성항목별로 일정 기간 동안 어떠한 사유로 얼마가 변동하였는지를 보여준다. 즉 재무상태표상의 자본을 손익계산서처럼 기간 개념을 접목하여 보여주는 것이다.

자본변동표는 필자의 견해로는 회계 초보 수준을 조금 넘어가는 내용이므로, 본서에서는 이 정도 설명으로 충분하다.

07
발생주의가 최선이니? 난 현금이 좋다

회계는 기본적으로 발생주의 사고방식을 따르므로 손익계산서에서 보여주는 수익과 비용이 현금흐름과 일치하지 않는다. 회계상 이익을 보고했음에도 불구하고 현금은 감소하는 현상이 비일비재하다(물론 그 반대의 경우도 많다). 회계는 현금(돈)이 중요하므로 현금에 대한 정보를 보여줄 필요가 있으며, 그에 따라 고안된 것이 바로 현금흐름표(재무제표 중 하나)다. 현금흐름표는 바꾸어 이야기하면 발생주의 손익계산서를 현금주의 손익계산서로 작성하여 보여주는 것이라고 이해하면 된다. 손익계산서는 수익에서 비용을 차감하여 이익을 보여주었으나, 현금흐름표는 현금유입에서 현금유출을 차감하여 현금의 증감을 보여준다.

손익계산서에서 수익과 비용을 영업활동과 영업외활동으로 구분하는 것처럼, 현금흐름표에서는 현금유입과 현금유출을 영업활동, 투자활동 및 재무활동으로 구분하여 보여준다. 투자활동은 투자자산, 유형자산, 무형자산의 취득·처분과 관련되어 있으며, 재무활동은 자금조달 및 상환과 관련되어 있다. 투자활동과 재무활동을 제외한 나머지는 영업활동으로 간주한다. 일반적으로 영업활동에서의 현금흐름은 플러스가 나오는 것이 괜찮은 회사의 표본이라 할 수 있다.

현금흐름표는 필자 개인적인 견해로는 회계 개초보 수준을 살짝 넘어가는 내용이므로, 본서에서는 이 정도 설명으로 충분하다.

08
기간귀속 4형제

기간귀속의 의미는 회계기간이 걸쳐 있는 거래에서 기간을 정확히 나누어 거래를 인식하는 것을 말한다. 대표적으로는 네 가지 형태가 있으며 이를 쉬운 예를 통해 설명하면 아래와 같다.

(1) 미수수익

미수수익은 수익을 미수(수령하지 못함)했다는 것으로, 수익은 이미 발생하였지만 돈을 아직 수령하지 않은 것(미수)을 의미한다. 가령 회사가 여유자금

100을 9/1에 연 12% 이자를 주는 상품에 예치하고, 1년 후(다음해 8/31)에 원금 100과 이자 12를 받는다고 가정을 해보자.

예치 시 회계처리는 아래와 같다.

| 9/1 예치 시 | (차변) 단기금융상품 100 | (대변) 현금 100 |

12/31 결산일 회계처리에 있어 회사는 아직 이자를 받지 못한 상태이다. 그러나 9/1~12/31 동안 이자수익은 발생하였을 것이다(은행은 일 단위로 이자를 관리함). 즉 회사는 4개월 동안 이자를 수령하지 못하였더라도 그에 대한 이자수익($100 \times 12\% \times 4 / 12 = 4$)을 인식해야 하며 이를 회계처리로 표현하면 아래와 같다.

| 12/31 결산 시 | (차변) 미수수익 4 | (대변) 이자수익 4 |

미수수익은 자산(유동자산 중 당좌자산)으로, 9/1~12/31 동안 발생한 이자를 받을 수 있는 권리를 표현한다.

만기가 도래하면 회사는 원금과 이자를 일시에 수령하게 되며 이때 회계처리는 아래와 같다.

8/31 만기 시	(차변)	현금 100	(대변)	단기금융상품 100
		현금 12		미수수익 4
				이자수익 8

만기에 총 현금 112를 수령하는데, 100은 원금에 해당되며 12는 이자에 해당된다. 그런데 우리는 이미 4개월에 해당되는 이자 4만큼은 전기에 인식했으므로 당기(1/1~8/31)에 해당되는 이자수익 8만큼만 인식하고, 전기에 계상했던 미수수익을 반대편인 대변에 계상함으로 미수수익을 제거하게 된다(이자를 수령하였으므로 미수수익이라는 자산은 더 이상 필요하지 않은 계정임).

그에 따라 총 12만큼의 이자를 8/31에 한방에 수령하지만 회계기간에 적절하게 안분하여 이자수익을 9/1~12/31 동안 4만큼, 1/1~8/31 동안 8만큼 인식하는 것이다.

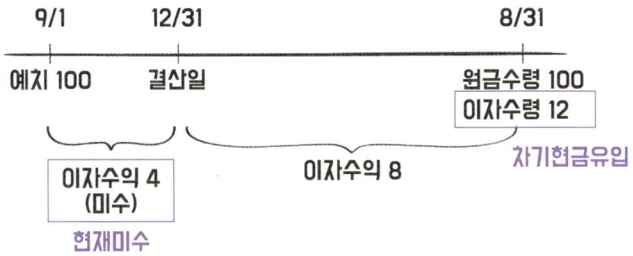

(2) 선급비용

선급비용은 비용을 선급(먼저 지급)했다는 것으로, 아직 비용이 발생하지 않았지만 돈을 먼저 지급한 것을 의미한다. 가령 회사가 9/1에 1년 계약으로 보험
에 가입하고 보험료 12를 가입 시점에 일시 지급했다고 가정해 보자. 가입 시 회계처리는 아래와 같다.

| 9/1 가입 시 | (차변) 보험료 12 | (대변) 현금 12 |

    12/31 결산일 현재 회사 입장에서는 9/1~12/31 동안 보험서비스를 받았으나, 내년 1/1~8/31 동안의 보험서비스는 아직 받지 못하고 살아 있다(이미 돈을 지급했으므로). 따라서 9/1~12/31 4개월만큼은 비용이 맞으나

1/1~8/31 8개월만큼은 아직 비용으로 소멸하지 않은 것이므로, 결산 시 아래와 같이 회계처리 한다.

| 12/31 결산 시 | (차변) 선급비용 8 | (대변) 보험료 8 |

상기 회계처리는 가입 시 전체 12를 보험료로 비용처리한 것 중 아직 보험기간이 도래하지 않은 8만큼을 취소함과 동시에 자산으로 계상한 것이다. 선급비용의 속성은 자산(유동자산 중 당좌자산)이며 이미 돈을 지급했으므로 보험서비스를 받을 수 있는 권리가 살아 있음을 표현한다.

보험계약 만기가 도래하면 회계처리는 아래와 같이 수행한다.

| 8/31 만기 시 | (차변) 보험료 8 | (대변) 선급비용 8 |

만기 시 비로소 보험서비스를 모두 받게 된 것이므로 전기에 인식했던 선급비용(자산)은 더 이상 필요하지 않으므로 보험료(비용)로 대체한다.

그에 따라 총 12만큼의 보험료를 9/1에 한방에 지급하지만, 회계기간에 적절하게 안분하여 보험료를 9/1~12/31 동안 4만큼, 1/1~8/31 동안 8만큼 인식하는

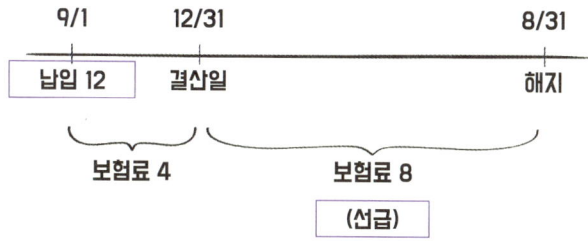

것이다.

(3) 선수수익

선수수익은 수익을 선수(먼저 받음)했다는 것으로, 아직 수익이 발생하지 않았지만 돈을 먼저 받은 것을 의미한다. 가령 회사가 여유 공간이 있어 9/1 세입자에게 건물을 빌려주는 계약을 체결하고 임대료 1년 치를 한방에 12만큼 받았다고 가정해 보자. 계약 시 회계처리는 아래와 같다.

12/31 결산일 현재 회사 입장에서는 9/1~12/31 동안 건물을 제공하였으나 내년 1/1~8/31 동안 아직 건물을 제공하지 않았다. 따라서 9/1~12/31 4개월만큼은 수익이 맞으나 1/1~8/31 8개월만큼은 아직 수익이 발생하지 않은 것이므로 결산 시 아래와 같이 회계처리 한다.

| 12/31 결산 시 | (차변) 임대료수익 8 | (대변) 선수수익 8 |

상기 회계처리는 계약 시 전체 12를 임대료수익으로 수익 처리한 것 중 아직 건물을 제공하지 않은 기간 동안의 임대료수익 8만큼을 취소함과 동시에 부채로 계상한 것이다. 선수수익의 속성은 부채(유동부채)이며 이미 돈을 수령했으므로 건물을 제공해야 할 의무가 남아 있음을 표현한다.

계약 만기가 도래하면 회계처리는 아래와 같이 수행한다.

| 8/31 만기 시 | (차변) 선수수익 8 | (대변) 임대료수익 8 |

만기 시 비로소 건물을 모두 제공한 것이므로 전기에 인식했던 선수수익(부채)은 더 이상 필요하지 않으므로 임

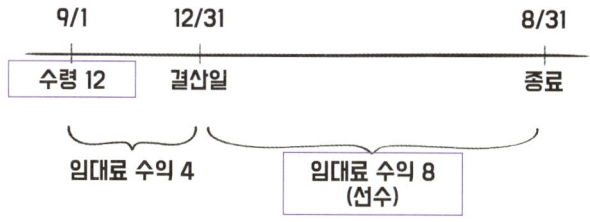

대료수익으로 대체한다.

그에 따라 총 12만큼의 임대료를 9/1에 한방에 수령하지만, 회계기간에 적절하게 안분하여 임대료수익을 9/1~12/31 동안 4만큼, 1/1~8/31 동안 8만큼 인식하는 것이다.

(4) 미지급비용

미지급비용은 비용을 미지급(지급하지 않음)했다는 것으로, 비용은 이미 발생했지만 돈을 지급하지 않은 것을 의미한다. 가령 회사가 자금이 부족하여  100을 9/1에 연 12% 이자를 지급하는 차입금을 빌리고 1년 후(다음 해 8/31)에 원금 100과 이자 12를 지급한다고 가정을 해보자. 차입 시 회계처리는 아래와 같다.

| 9/1 차입 시 | (차변) 현금 100 | (대변) 단기차입금 100 |

12/31 결산일 회계처리에 있어 회사는 아직 이자를 지급하지 않은 상태이다. 그러나 9/1~12/31 동안 이자 비용은 발생하였을 것이다(은행은 일 단위로 이자를 관리함). 즉 회사는 4개월 동안 이자를 지급하지 않았더라도 그에 대한 이자비용(100×12%×4 / 12 = 4)을 인식해야 하며 이를 회계처리로 표현하면 아래와 같다.

| 12/31 결산 시 | (차변) 이자비용 4 | (대변) 미지급비용 4 |

미지급비용의 속성은 부채(유동부채)이며 9/1~12/31 동안 발생한 이자를 지급해야 할 의무를 표현한다.

만기가 도래하면 회사는 원금과 이자를 일시에 지급하게 되며 이때의 회계처리는 아래와 같다.

8/31 만기 시	(차변)	단기차입금 100	(대변)	현금 100
		미지급비용 4		현금 12
		이자비용 8		

만기에 총 현금 112를 지급하는데, 100은 원금에 해당되며 12는 이자에 해당된다. 그런데 우리는 이미 4개월에 해당하는 이자 4만큼은 전기에 인식했으므로 당기(1/1~8/31)에 해당하는 이자비용 8만큼만 인식하고 전기에 계상했던 미지급비용을 반대편인 대변에 계상하여 미지급비용을 제거하게 된다(이자를 지급하였으므로 더 이상 미지급비용이라는 부채는 필요하지 않은 계정임).

그에 따라 총 12만큼의 이자를 8/31에 한방에 지급하지만, 회계기간에 적절하게 안분하여 이자비용을 9/1~12/31 동안 4만큼, 1/1~8/31 동안 8만큼 인식하는 것이다.

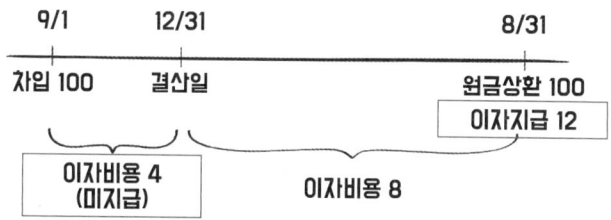

09
환율이 오르면 우리 회사는 좋을까?

실생활에서 환율이 주는 영향은 특히 해외 여행을 가거나, 해외 유학을 가는 경우에 크게 느낄 수 있다. 예를 들어 ₩1,200 하던 $1가 ₩1,300이 되면 '환  율이 올랐다'고 말한다. 이러한 경우 원화 ₩1,000,000을 달러로 환전하면 $833에서 $769로 줄어들게 된다. 즉 원화 가치가 하락한 것이다. 회사가 국내에서만 거래한다면 환율과 무관하지만, 해외 거래가 있다면 환율 변동이 영향을 미치며, 회계에서도 이를 반영한다.

가령 회사가 9/1에 $100를 수출하고 대금은 6개월 뒤 받기로 했다면, 당시 환율이 \1,200/$ 일 때 회계처리는 아래와 같다.

| 9/1 수출 시 | (차변) 매출채권 120,000 | (대변) 매출 120,000 |

국내회사는 회계처리를 원화로 해야 하며, 거래 당시 환율을 적용하여 매출과 매출채권을 인식한다. 결산(12/31) 시 환율이 \1,300/$으로 올랐을 때 회계처리는 아래와 같다.

| 12/31 결산 시 | (차변) 매출채권 10,000 | (대변) 외화환산이익 10,000 |

환율이 ₩100 올랐으므로 외화매출채권 $100의 가치가 올랐으며(₩100 × $100 = ₩10,000) 이를 외화환산이익(영업외수익)이라는 수익으로 반영해 준다. 반대로 환율이 떨어졌다면 외화매출채권의 가치가 감소할 것이며, 이를 외화환산손실(영업외비용)이라는 비용으로 반영한다. 즉 수출기업의 경우 환율이 오르면 매출채권의 가치가 증가하고 그에 따라 이익이 계상될 것이며, 수입기업의 경우에는 매입채무의 가치가 증가하고 그에 따라 손실이 계상될 것이다.

상기 매출채권 $100이 다음 해 2/28 결제가 되고 이

때 환율이 \1,400/$일 때 회계처리는 아래와 같다.

| 2/28 결제 시 | (차변) 현금 140,000 | (대변) 매출채권 130,000
외환차익 10,000 |

　작년 12/31 기준 재무상태표상 매출채권 잔액은 130,000원(120,000원+10,000원)이었으나 현금은 결제 시 환율을 반영하여 140,000원이 들어오게 된다. 이때 환율 상승에 따른 차액은 외환차익(영업외수익)이라는 계정과목을 사용한다.

　외화환산손익은 채권이나 채무에 대해 기말 환율을 적용하여 평가할 때 나타나는 계정이며, 외환차손익은 채권이나 채무가 실제 결제될 시 나타나는 계정이다. 두 계정 모두 판매비와관리비가 아닌 영업외손익 항목이다.

10
언젠가 터질
시한폭탄. 퇴직금

근속연수가 1년 이상 된 직원들은 법적으로 퇴직금을 받을 권리가 있다. 근속연수와 급여가 클수록 퇴직금도 커진다. 회사 입장에서는 직원들에 대한 퇴직금은 그 성격상 지금 당장 지출되는 돈은 아니지만 언젠가 반드시 지급해야 하는 의무이므로 부채에 해당한다. 결산 시 회사는 전 직원이 결산일 현재 동시에 퇴사할 경우를 가정하여 퇴직금을 산정하는데 이를 퇴직금추계액이라고 하며, 최소한 퇴직금추계액만큼은 부채로 계상해야 한다. 회사가 오래되고 장기근속직원이 많을 경우 퇴직금추계액은 상당히 큰 금액이 쌓이게 되는데, 회사의 실적이 악화될 경우 퇴직금을 제대로 지급하지 못하는 사태가 발생할 수 있다.

이를 방지하기 위해 퇴직금을 회사가 직접 보관하지 않고 외부 금융기관에 미리 예치해, 퇴사 시 회사가 아닌 금융기관이 퇴직금을 지급하는 제도가 '퇴직연금제도'다. 퇴직연금제도는 크게 DB형과 DC형으로 나뉜다. DB형은 확정급여형이라고 하며 DC형은 확정기여형이라고 하는데 양자 간 차이가 있다.

DB형은 최근 급여에 근속연수를 반영해 매년 정산(연봉인상률이 추가 반영되는 효과)하여 적립하는 것으로, 적립해 놓은 퇴직금의 소유권이 회사에 있으며 운용주체는 회사이고 그로 인한 운용수익은 회사의 몫이 된다.

DC형은 최근 급여액을 적립하나 연봉인상률 효과는 없으며 퇴직금의 소유권이 직원에게 있다. 운용주체 또한 직원이고 그로 인한 운용수익은 직원의 몫이 된다.

회계적으로 DB형은 퇴직적립금이 회사 소유로, 아직 직원에게 이전되지 않으므로 부채로 계상해야 한다. 그러나 DC형은 적립금이 이미 직원에게 이전되었기 때문에 부채로 계상할 필요가 없다.

구분	연금 미가입	연금 가입(DB형)	연금 가입(DC형)
소유권	회사	회사	직원
운용주체	-	회사	직원
부채여부	O	O	X
특징	회사 자체 관리	연봉인상률 반영	개인 운용수익 중요

개초보 잡담!

DB형과 DC형. 어느 것이 더 좋은 선택일까?

연봉인상률이 높으면 DB형, 투자수익률이 높으면 DC형이 유리하다.

참고로 우리나라 최근 평균 물가상승률은 2~3%, 연봉인상률은 3~4%, 국공채수익률은 2~3% 수준이다.

그렇다면 주식수익률은 얼마나 될까?

코스피 지수 도입 이래 연평균 7~8% 정도로 계산된다. 물론 플러스와 마이너스를 들락거리며 변동성이 심하지만, 연평균으로 보자면 그렇다.

퇴직연금은 오랫동안 돈을 묵혀놓는 것으로 자연스럽게 장기투자로 연결된다. 수익률 1~2% 차이는 장기적으로 꽤 많은 차이를 유발한다.

필자의 선택은 DC형이다.

여러분의 선택은?

11
회계를 완성하는 마지막 정리.
결산보정분개

앞서 이야기한 것처럼 회계적 사건(event)이 발생하면 회계처리를 수행하여야 한다. 회계적 사건은 자산, 부채, 자본, 수익, 비용에 변동이 생기는 것을 의미한다.

그런데 결산 시점(통상 12/31)에 별다른 회계적 사건이 없어 보이거나 누가 시키지 않아도 자동으로 수행해야 할 회계처리가 몇 가지 있다. 이를 결산보정분개라고 한다. 대표적인 사항들은 다음과 같다.

(1) 매출원가/재고자산

회사가 재고자산을 보유하고 있으면 결산 시 결산보정분개를 수행해야 하며, 이를 통해서 재무상태표상 재고자산이 확정되고 손익계산서상 매출원가가 확정된다.

(2) 대손상각

회사가 채권(매출채권, 미수금, 선급금 등)을 보유하고 있으면 결산 시 결산보정분개를 수행해야 하며, 채권의 평가를 통해 재무상태표상 채권잔액이 확정되고 손익계산서상 대손상각비가 확정된다.

(3) 상각

회사가 유형자산이나 무형자산을 보유하고 있으면 결산 시 결산보정분개를 수행해야 하며, 이를 통해 재무상태표상 유형자산과 무형자산금액이 확정되고 손익계산서상 감가상각비와 무형자산상각비가 확정된다.

(4) 기간귀속

회사가 이자를 수령하는 금융상품을 보유하고 있으면 결산 시 미수수익에 대한 결산보정분개를 수행해야 하며, 이를 통해 재무상태표상 미수수익이 확정되고 손익계산서상 이자수익이 확정된다.

회사가 보험상품에 가입했다면 결산 시 선급비용에 대한 결산보정분개를 수행해야 하며, 이를 통해 재무상태표 상 선급비용이 확정되고 손익계산서상 보험료가 확정된다.

회사가 이자를 지급하는 차입금을 부담하고 있으면 결산 시 미지급비용에 대한 결산보정분개를 수행해야 하며, 이를 통해 재무상태표상 미지급비용이 확정되고 손익계산서상 이자비용이 확정된다.

(5) 단기매매증권평가

회사가 단기매매증권(시세가 있는 단기적 자금운용 목적 유가증권. 상장주식 등)을 보유하고 있으면 결산 시 결산보정분개를 수행해야 하며, 이를 통해 재무상태표상 단기매매증권금액이 확정되고 손익계산서상 단기매매증권평가손익이 확정된다.

(5) 외화환산

회사가 외화채권을 보유하고 있거나 외화채무를 부담하고 있으면 결산 시 결산보정분개를 수행해야 하며, 이를 통해 재무상태표상 외화채권과 외화채무금액이 확정되고 손익계산서상 외화환산손익이 확정된다.

(6) 퇴직급여충당부채

회사가 퇴직연금을 가입하고 있지 않거나 DB형 퇴직연금을 가입하고 있으면 결산 시 결산보정분개를 수행해야 하며, 이를 통해 재무상태표상 퇴직급여충당부채가 확정되고 손익계산서상 퇴직급여가 확정된다.

요약 매출원가는 팔린 물건(매출)에 대응하는 비용이다.
유·무형자산은 상각이라는 절차를 통해 비용화된다.
외상판매는 늘 불안하다.
비유동자산은 언젠가 유동으로 전환된다.
자본변동표와 현금흐름표도 재무제표이다.
자산은 대체로 좋다. 과도한 채권과 재고는 제외하고.
회계기간에 걸쳐 있는 것들은 잘 안분해야 한다.
퇴직금은 중요한 부채다.
결산 시 자동으로 수행해야 할 것들이 꽤 있다.
한 걸음이라고 하지 않았니?
도대체 몇 걸음을 걷는 거야?

IV

완벽이란 단어는 있지만, 실제로 완벽한 것은 없다. 완벽 그 자체를 정의하는 일도 불가능하다. 어차피 100점을 받을 수 없다면, 쉽게 쉽게 적당히 하면서 70점을 받는 것도 좋다. 그리고 남은 에너지를 또 다른 분야에 써서 또 70점을 받는다면, 그 의미는 더욱 커진다.

지금까지의 내용은 결국 재무제표를 읽기 위한 준비였다. 그럼 이제는 당연히 재무제표를 직접 읽어보아야 할 때다. 숫자

쉽게 읽자!
재무제표

의 크기나 계정과목의 양에 겁먹을 필요 없다. 세부 사항에 집착할 필요는 더더욱 없다. 큰 틀에서, 거칠게라도 전체 흐름을 크게 크게 읽어나가면 그뿐이다.

이 장에서는 재무상태표와 손익계산서를 통으로 파악할 수 있는 포인트를 다룬다. 회사가 친절하게도 자신을 설명하고 있으니, 우리는 그저 편안하게 보고 들으면 된다. 자, 이제 회사가 주장하는 바를 천천히 음미해 보자.

"이런 뜻이었어?" 하고 고개를 끄덕이게 되는 환희를 맛볼 것이다. 이제 여러분의 회계력 상승은 시간문제다.

01
재무상태표 포인트

필자가 회계사 1년 차(등록 전이므로 정식 회계사는 아니었고, 업계에서는 'New Staff'이라 칭하는 상태였다) 시절, 지방에서 3일간 회계감사를 마치고 늦은 밤 사무실로 복귀하여 감사조서를 정리하고 있었다. 그때 대표이사님께서 바쁘게 일하는 척 하던 필자에게 다가와 물으셨다.

대표이사:	"첫 회계감사 다녀왔나?"
필자(New Staff):	"네, 잘 다녀왔습니다."
대표이사:	"그래! 그 회사 자산이 얼마고?"
필자(New Staff):	"아, 잠시만요…(허둥지둥 뒤적뒤적)."
대표이사:	"감사 헛 했구만!"

위 사건 이후로 필자는 어느 회사의 재무제표를 보든 항상 자산총액부터 체크하는 습관을 가지게 되었다. 존경하던 대표이사님이자 업계 선배님께서 깨우쳐 주신 소중한 가르침이라고, 지금까지도 생각하고 있다. 자산총액을 보면 회사의 규모와 각 항목의 중요도를 가늠할 수 있다.

자산총액 다음에는 반드시 부채총액도 파악해야 한다. 이를 통해 자산 대비 부채 비중이 대략 어느 정도인지, 부채가 과도하지는 않은지 감을 잡을 수 있다.

또한 유동자산과 유동부채의 규모를 비교하여 유동성에 문제가 없는지도 확인해야 한다. 이는 뒤에서 설명할 안정성비율과도 연결된다.

자산 중 매출채권과 재고자산의 비중도 체크할 필요가 있다. 유동자산은 크게 현금성자산, 매출채권, 재고, 기타로 구분할 수 있는데, 앞서도 언급하였지만 매출채권과 재고자산은 너무 과하면 회사에 부담을 주기 때문이다.

아울러, 회사의 주된 영업활동과 무관한 자산(비영업자산)이 있는지도 확인해야 한다. 비영업자산에는 대여금, 금융자산 등 투자자산이 포함되는데, 이는 여유자금을 운용하는 성격을 갖는다. 다만 비영업자산이 너무 과도하면 향후 회사의 성장기회가 없거나 성장의 한계 신호로 해석될 여지가 있다.

부채 중에서는 이자비용이 발생하는 이자성부채(차입금, 회사채 등) 규모를 파악하는 것이 중요하다. 이자성부채는 주기적 이자 지급과 원금 상환으로 자금 압박을 유발하며 과도한 경우 회사 신용도 전반에 문제를 야기할 수 있기 때문이다.

재무상태표 체크 포인트

- 자산총액 파악
- 부채총액 파악
- 유동자산과 유동부채 비교
- 매출채권과 재고자산 규모 파악
- 비영업자산 규모 파악
- 이자성부채 규모 파악

02
손익계산서 포인트

재무상태표에서 자산총액을 가장 먼저 체크하듯, 손익계산서에서는 매출액을 최우선으로 확인한다. 매출은 회사의 존재 이유이자 회사가 생존할 수 있는 원동력이다. 설립 초기라 이익이 나지 않더라도 무조건 일을 수주해야 하는 까닭이 여기에 있다. 매출규모는 자산 규모와 함께 회사의 크기와 시장 내 위치를 파악하는 데 핵심이 되는 지표다.

매출을 확인했다면 그다음은 영업이익을 본다. 우선 영업이익인지 영업손실인지 확인하고, 영업이익이라면 매출 대비 영업이익의 비중(영업이익률)을 살펴봐야 한다. 영업이익은 영업 외적인 요소를 제외한 결과이므로, 회사의 계속적이고 안정적인 이익이라는 점에서 당기순이익보다 의미가 있다. 그리고 영업이익률의 수준을 통해 매출 자체가 의미 있는 수익률을 제공하고 있는지, 시장에 통상 형성되어 있는 금리를 상회하는지, 상회한다면 얼마만큼 상회하는지, 그리고 해당 사업의 리스크나 어려움을 고려할 때 매력적인 수익률인지 등을 알 수 있다.

그리고 손익계산서 가장 아래에 있는 당기순이익을 본다. 당기순이익인지 당기순손실인지 구분하고, 당기순이익이라면 매출 대비 당기순이익의 비중(당기순이익률)을 살펴봐야 한다. 당기순이익은 영업 외적인 부분까지 포함하므로 일시적인 영업외수익이나 영업외비용의 영향을 받지만, 그럼에도 회사의 최종이익이고 주주가치에 기여하는 자본을 형성한다는 점에서 중요하다.

당기순이익을 체크하면서 동시에 영업외수익과 영업외비용 중 비경상적으로 큰 금액이 있는지도 함께 확인할 필요가 있다. 주된 영업활동이 아니더라도 대규모의 영업외적인 요인에 의해 회사가 크게 흔들리는 경우가 있기 때문이다. 가령 대규모 부동산 처분, 자회사의 대규모 손실, 외환시장의 급격한 충격, 소송 등이 그러하다.

손익계산서 체크 포인트

> 매출액 파악
>
> 영업이익(률) 파악
>
> 당기순이익(률) 파악
>
> 중요한 영업외수익·비용 파악

03
성장성

성장성은 여러분들이 이미 다 아는 것처럼 일정 기간 동안 얼마만큼 증가했냐를 나타내는 지표다. 주로 회사의 규모나 경영성과의 증가율을 보여주는 데에 목적이 있다. 성장성비율의 기본 산식은 다음과 같다.

성장성비율 = (당기 – 전기) / 전기

즉 전기숫자를 기준으로 하여 전기 대비 당기 증가를 비율화 한 것으로 아래와 같은 비율이 주로 사용된다.

매출성장률=(당기매출-전기매출)/전기매출

영업이익성장률=(당기영업이익-전기영업이익)/전기영업이익

자산성장률=(당기자산-전기자산)/전기자산

부채성장률=(당기부채-전기부채)/전기부채

    성장성비율이 플러스(+)이면 전기 대비 당기 증가한 것이고, 마이너스(-)이면 전기 대비 당기 감소한 것으로 쉽게 알 수 있다. 또한 성장성비율을 산정하기 위해서는 최소 2개 년도 재무제표가 필요하며, 과거 일정 기간(3~5년)으로 확장할 경우 성장성의 추이도 관측할 수 있다. 일반적으로 스타트업 등 벤처기업의 경우 성장성비율은 크게 나타나며, 성숙기에 접어든 기업의 경우 성장성비율은 작게 나타난다. 또한 전통적 제조업보다는 신기술 산업(플랫폼, 바이오, AI 등)의 성장성이 더 높게 나타난다. 따라서 분석 대상 회사의 산업 및 업력(도입기, 성장기, 성숙기, 쇠퇴기) 등을 고려할 필요가 있다.

    다만, 성장성비율을 단편적으로 관측하고 해석하는 경우 잘못된 결론에 도달할 수 있다. 가령 매출성장률이 플러스(+)로 산정된다 하더라도, 매출원가성장률이 더 큰 폭으로 산정된다면 영업이익에 안 좋은 영향을 끼칠 수 있다. 또한 자산성장률이 플러스(+)로 산정된다 하더라도 부

채성장률이 높게 산정된 결과일 수 있다(자산은 부채와 자본의 합이므로). 따라서 성장성비율을 의미 있게 활용하기 위해서는 보다 입체적이고 다각화된 시각에서 분석을 하여야 한다.

04 수익성

수익성(이익)비율은 수익 대비 이익의 비율을 보여주는 지표로 일반적으로 이익률이라고 부른다. 수익성비율의 기본 산식은 다음과 같다.

수익성비율=이익/수익

즉 총수익 대비 순이익을 비율화한 것으로, 아래와 같은 비율이 주로 사용된다.

> 매출총이익률=(매출액-매출원가)/매출액
> 영업이익률=(매출액-매출원가-판매비와관리비)/매출액

> 당기순이익률=(매출액-매출원가-판매비와관리비+영업외
> 수익-영업외비용-법인세비용)/매출액
>
> 자산수익률(ROA)=당기순이익/평균자산
>
> 자본수익률(ROE)=당기순이익/평균자본

    수익성비율이 플러스(+)이면 이익, 마이너스(-)이면 손실을 의미한다. 과거 일정 기간(3~5년)으로 확장할 경우 수익성의 추이도 관측할 수 있다. 일반적으로 스타트업 등 벤처기업의 경우 수익성비율은 마이너스(-)를 보이며, 성장하는 회사의 수익성비율은 높게 나타나고, 성숙기 또는 쇠퇴기에 속하는 회사의 수익성비율은 낮게 나타난다. 또한 전통적 제조업보다는 신기술 산업(플랫폼, 바이오, AI 등)의 수익성이 더 높게 나타난다. 따라서 분석 대상 회사의 산업 및 업력(도입기, 성장기, 성숙기, 쇠퇴기) 등을 고려할 필요가 있다.

    수익성비율은 회사의 규모를 반영하지 않으므로, 수익성비율이 높다고 해서 반드시 좋은 것은 아니다.

A사: 매출 100 영업이익 10 영업이익률 10%

B사: 매출 500 영업이익 40 영업이익률 8%

상기의 경우 A사의 영업이익률이 더 높지만, 실제 영업이익의 규모는 B사가 더 크다. 따라서 수익성비율(영업이익률)이 더 높다고 해서 반드시 A사가 B사보다 우월하다고 볼 수는 없는 것이다.

자산수익률과 자본수익률을 보면 분모에 평균이라는 개념이 들어가 있다. 그 이유는 무엇일까? 재무상태표는 일정 시점(순간)을 표시하며, 손익계산서는 일정 기간(흐름)을 표시하는 것이므로 상호 기준 시점이 다르다. 그런데 분자인 이익은 손익계산서 항목이고, 분모인 자산과 자본은 재무상태표 항목이므로 기준 시점을 통일시켜 줄 필요가 있다. 따라서 분모인 자산과 자본에 평균(기초금액과 기말금액을 합한 후 2로 나눈 값) 개념을 도입하여 일정 기간을 환원시켰다고 이해하면 된다.

당기순이익(1/1~12/31) 100, 기초자산(1/1) 400, 기말자산(12/31) 600

상기와 같은 경우 자산을 연 평균화하면 (400+600)/2 =500으로 계산되며, ROA는 100/500=20%로 산정되는 것이다.

05
안정성

우리는 안정성, 안정감이라는 단어를 알고 있다. 그러나 회사에 있어 안정성이란 무엇을 뜻할까? 회사가 안정감이 있다는 것은 '망할 확률이 적다'라는 뜻으로 이해하면 된다. 그렇다면 어떤 경우에 회사가 망하는 걸까? 신문 등에서 부도라는 단어를 종종 접할 수 있는데, 부도는 일반적으로 회사가 망한다는 것과 같은 의미다. 부도의 사전적 의미는 다음과 같다.

> 부도: 어음이나 수표를 가진 사람이 기한이 되어도 어음이나 수표에 적힌 돈을 지급받지 못하는 일

쉽게 풀어보면 회사가 거래상대방에게 줘야 할 돈을 제때 주지 못하는 것을 부도라고 하는 것이다. 줘야 할 돈을 회계에서는 부채로 정의한다. 부채는 회사에서 빠져나갈 돈(지급해야 하는 의무)이며, 결국 부채를 제때 상환하지 못하면 회사는 망할 수 있다. 부채가 많은 회사와 부채가 없는 회사를 비교해 보면 아무래도 부채가 많은 회사가 망할 확률이 더 높다. 따라서 안정성비율이란 회사의 부채와 관련이 있는 것으로서 부채가 많으면 많을수록 안정성이 떨어진다고 이해할 수 있다.

안정성에는 아래와 같은 비율이 주로 사용된다.

> 부채비율 = 부채/자본
> 당좌비율 = 당좌자산/유동부채
> 유동비율 = 유동자산/유동부채
> 차입금의존도 = 차입금/자산
> 이자보상배율 = 영업이익/이자비용

상기 모든 비율에는 부채 혹은 부채관련 비용(이자비용)이 포함되어 있으며, 통상 부채가 크면 안정성이 저하되는 것으로 이해하면 된다. 따라서 부채가 분자에 있는 비율은 높으면 불리하고, 부채가 분모에 있는 비율은 낮으면 불리하다.

유동비율은 유동자산과 유동부채의 비율을 의미한다. 여기서 '유동'은 앞서 설명했듯 1년 이내라는 개념이므로, 1년 이내 들어오는 돈과 1년 이내 나가는 돈의 비율이라고 해석된다. 유동비율이 100%보다 낮다는 것은 1년 이내 들어오는 돈보다 1년 이내 나가는 돈의 규모가 더 큰 것이므로 회사의 안정성이 상당히 저하되는 상황이라 볼 수 있다. 이러한 현상을 유동성위기라고도 표현한다. 유동비율을 조금 더 엄격하게 따지는 것이 당좌비율이다(당좌자산=유동자산-재고자산).

이자보상배율은 영업이익과 이자비용의 비율인데, 이 이자보상배율이 100%보다 낮다는 것은 회사가 1년 동안 열심히 영업활동을 하여 얻는 이익으로도 차입금에 대한 이자비용을 감당하지 못하는 절박한 상황을 나타낸다.

개초보 잡담!

신용등급은 회사의 대외 신인도를 표현한다. 신용평가사가 가장 우량한 AAA부터 C에 이르기까지 회사를 객관적으로 적나라하게 평가한다. 등급이 높을수록 낮은 수익률이 매칭되는데, 이는 회사의 자금 조달금리를 보여준다.

즉 우량한 회사는 높은 신용등급에 의해 낮은 이자율로 외부자금을 유치할 수 있는 것이다. 수익률은 이자율이라고 이야기할 수 있고, 부도발생가능성이라고도 생각할 수 있다.

중소기업의 경우에도 신용등급은 매우 중요한데, 그 이유는 금융기관 차입 시 차입가능성과 조달금리를 결정하는 기초가 될 수 있기 때문이다. 더 나아가 신용등급은 대기업 협력업체 등록이나 국가나 지자체 발주 사업 참여의 필수 자격 요건이 되기도 한다. 이는 곧바로 회사의 매출과 직결되는 요소다. 필자는 중소기업 신용평가와 관련하여 다양한 자문을 수행하면서, 대다수의 중소기업 관계자들이 이러한 신용등급의 중요성을 간과하고 있는 현실을 알 수 있었다. 이 지면을 통해 다시 한 번 강조한다. 신용등급은 중소기업의 사활이다.

요약 재무상태표와 손익계산서에서 확인해야 할 핵심 포인트는 위에서 요약했다.

회사는 성장해야 하고 이익을 많이 내야 한다.
적당한 부채는 성장과 이익에 도움이 되지만,
과하면 결국 회사가 망할 수 있다.
회사뿐만 아니라 우리 개인에게도
그대로 적용된다는 것 알지?

V

**네 보물 있는 그 곳에는 네 마음도 있느니라
(마6:21) - 대한성서공회 개역한글-**

세상에는 주식을 하는 사람과 하지 않는 사람, 두 부류가 있다. 주식을 하는 사람들은 모두 각기 자신만의 스타일이 있다. 필자는 사람의 개성을 상당히 존중하는 편인데, 다양한 개성들이 모여야 세상이 더 재밌고 활기차진다고 생각하기 때문이다. 모두 똑같이 살아간다면, 세상은 얼마나 무미건조하고 재미없겠는가. 그런 점에서 주식시장은 참 재미있는 곳이다.

주식!
전 국민의 관심

회계를 잘한다고 해서 변화무쌍한 주식 판에서 반드시 좋은 성과를 내는 것은 아니다. 그러나 주식은 회사의 가치를 가장 직접적으로 보여주는 수단이고, 회사의 가치를 그나마 정직하게 표현하는 것이 회계다. 그렇다면 이러한 개성 넘치는 주식 판에 회계 지식을 가미한다면 어떨까? 나쁠 게 없지 않겠는가? 회사의 규모는 어때? 돈을 잘 벌고 있나? 부채에 허덕이는 것은 아닌가?

이 장에서는 주식을 회계적 관점에서 어떻게 접근할 수 있을지를 아주 간략히 살펴본다. 시중에는 이미 아주 많은 주식 관련 책들이 있으니, 더 알고 싶다면 각자 입맛에 맞는 것을 골라보면 된다. 아마도 그중 상당수는 이미 회계 이야기를 하고 있을 것이다.

01
주식투자 3원칙

주식투자를 하는 목적은 명확하다. 바로 돈을 벌기 위함이다. 그렇다면 어떠한 자금을 가지고, 어떠한 노력을 해서, 얼마만큼의 돈을 벌어야 하는가에 대한 자신만의 기준을 잡아볼 필요가 있다. 주식투자에 대한 가치관이나 기준은 사람마다 다르고, 아래는 필자의 개인적인 견해임을 미리 밝혀둔다.

(1) 건전한 자금

사람마다 자금의 규모는 다를 수 있다. 그러나 자금의 원천은 단단하고 안정적이어야 한다(마치 반석 위에 지은 집처럼). 이 말은 한번 주식에 투자된 돈은 쉽게 나오지 말아야 한다는 의미이다. 특히 빚, 대리투자, 생활자금 등은 절대 주식자금으로 써서는 안 된다. 주식시장은 어느 누구도 예측할 수 없는 변화무쌍한 영역으로, 개미들의 정신을 뒤흔들고 혼미하게 만들기 충분한 곳이다. 현상에 일희일비하는 개미들은 이익보다 손실에 훨씬 민감하게 반응한다. 동시에 투자자금을 들락날락하는 경향이 있으며, 그 자금의 원천이 불안하면 불안할수록 그 속도는 가속화될 수 있다. 즉 자금이 묵직하지 않으면 작은 손실에 반응하고 이익의 타이밍을 놓치면서 백전백패를 향해 달려갈 가능성이 농후하다. 따라서 낭비를 줄이고 절약해서 만든 건전한 여유자금으로 투자하기를 간곡히 부탁한다.

(2) 적은 노력

이 책을 읽고 있는 여러분들은 회계 개초보들이다. 펀드매니저, 애널리스트, 재야의 고수는 아마 아닐 것이라고 감히 생각한다. 즉 여러분들은 주식투자를 본업(주된 영업활동)으로 하는 사람들이 아니다. 무언가 다른 경제활동을 하고 있거나 할 예정이거나 아니면 백수(백조)일 것이다. 주식투자가 본업이 아니라면 주식투자에 많은 시간을 투입하는 것은 금물이다. 필자 또한 주식투자를 하고 있지만 본업은 회계사(유튜버, 강사, 작가 등)이므로 주식분석에 많은 시간을 쏟지는 않는다. 너무 많은 시간을 주식에 투자하여 정작 본업에 좋지 않은 영향을 끼치고 전반적인 생활 리듬이 깨어진다면 주식투자를 하지 않는 것만 못하다. 여러분들이 조금 더 사람답게 살고 싶다면 하루에 주식 창을 들여다보는 데에 쓰는 시간을 지속적으로 줄여야 한다. 여러분들이 부디 적은 노력을 통해 효율적인 투자자가 되기를 소망한다.

(3) 적절한 수익률

사람의 욕심에는 끝이 없다. 다른 사람의 성공담에 쉽게 흔들리는 것이 인간 심리다. 이것 때문에 주식시장에는 항상 분노와 좌절이 끊이지 않는다. 주식이 오를 때는 끝없이 오를 것만 같고, 오르다 떨어지면 다시 올라갈 것만 같다. 옆 사람이 연 1,000% 수익을 올렸다고 하면 그 수준을 따라가야 직성이 풀린다. 언제부터인가 연 10% 수익률은 수익률도 아닌 것이 되어 버렸다. 필자는 단기간에 세 자릿수 수익률(연 환산)은 거의 불가능하다고 본다. 두 자릿수 초반만 돼도 감사하다고 여길 줄 알아야 한다. 은행예금 및 대출이자율, 국채수익률, 우량기업 회사채수익률, 부동산 월세수익률 등을 보면 모두 한 자릿수 초반이다. 자신의 목표 수익률을 적절하게 설정할 줄 아는 사람이 지혜로운 사람이다. 필자는 개인적으로 연 10%면 매우 훌륭하다고 생각한다(더욱 중요한 것은 주식을 장기간 보유함으로 취하는 누적수익률이다). 물론 어쩌다가 세 자릿수 수익률을 올리는 사람을 심심치 않게 볼 수 있다. 그러나 그들은 성공한 투자사례만 이야기하지, 실패한 투자사례는 결코 이야기하는 법이 없다. 그리고 세 자릿수 수익률을 올렸다 한들 머지않아 그대로 꼬라박는 경우가 거의 대부분이다. 그러니 여러분들은 마음속에 욕심과 거품을 덜어낸 적절한 수익률을 새겨 놓기를 바란다.

02
주식투자 3가지 회계 필살기

주식투자를 하는 것과 회계를 아는 것은 사실 관계가 없다. 회계를 몰라도 주식투자를 할 수 있으며, 회계를 알지만 주식투자를 하지 않는 사람도 많다. 그러나 회계를 아는 사람은 그 지식을 주식투자에 접목하여 보다 괜찮은 성과를 낼 수 있는 것도 사실이다. 주식투자를 하는 모든 사람은 각자 자신만의 방식이 있다. 아래는 회계지식을 주식투자에 적용할 때 최소한 이 정도는 알아두면 좋겠다고 필자가 생각한 개인적인 기준을 정리한 것임을 밝혀둔다.

(1) 재무제표

우리는 지금껏 재무제표(재무상태표, 손익계산서)에 대해 살펴보았다. 재무상태표와 손익계산서만 알아도 주식투자를 시작하는 데는 무리가 없다고 생각한다. 재무상태표를 안다는 것은 규모, 재무구조, 안정성 등을 이해한다는 것이다. 손익계산서를 안다는 것은 규모, 수익성 등을 이해한다는 것이다. 과거부터 현재까지의 재무상태표와 손익계산서를 보면 성장성, 수익성, 안정성의 추이까지 파악할 수 있다. 이 정도면 주식투자의 가장 기본적인 필살기를 하나 장착한 셈이다. 문제는 많은 투자자들이 이 기본적인 재무제표조차 들여다보지 않는다는 점이다. 귀찮더라도 최소한 코스닥의 작은 회사에 투자할 경우에는 재무제표를 한번은 열어보자.

(2) 수익성지표

수익성지표는 회사가 수익에서 비용을 차감한 이익을 잘 내고 있는지를 보여주는 것이다. 수익성지표에는 매출총이익률, 영업이익률, 당기순이익률, 자산수익률(ROA), 자본수익률(ROE), 투하자본수익률(ROIC) 등이 있다. 우리가 주식투자를 하는 이유는 돈을 벌기 위함인데, 그러기 위해서는 회사가 먼저 돈을 벌어야 한다. 회사가 돈을 버느냐 못 버느냐를 단적으로 보여주는 지표가 바로 수익성지표다. 수익성지표는 투자하는 회사만 보는 것이 아니라, 다른 회사들과의 상대 비교가 중요하다. 수익성지표 중 어떠한 지표가 의미 있고 우월한지는 사람마다 다르고 정답이 없다. 다만 확실한 것은 정말 좋은 회사라면 대부분의 수익성지표가 다른 회사보다 높을 것이고 그 지속기간도 길 것이라는 것이다. 그러나 한편으로는 과거 수익률이 높았다 해서 그 높은 수익률이 지속될 수 있을 것인가에 대한 의구심도 있다. 반대로 과거 수익률이 낮았다고 해서 그 낮은 수익률이 지속될 것인가라는 생각도 가능하다. 자유시장경쟁체제에서는 열매가 있는 곳에 경쟁자들이 등장하므로, 장기적 관점에서는 평균 수익률로 수렴한다고 가정하는 것이 일반적이긴 하다.

(3) 주가배수

주가배수는 상장된 회사의 주가를 그 회사의 주요 재무정보와 비교해 비율로 나타낸 것이다. 주가배수의 종류로는 이익 대비 주가(PER), 자기자본 대비 주가(PBR), 매출 대비 주가(PSR), 현금흐름 대비 주가(PCR), 기업가치 대비 영업이익(EV/EBIT), 기업가치 대비 영업현금흐름(EV/EBITDA) 등이 있다. 이러한 주가배수에서 분자는 주가 또는 전체기업가치이므로, 통상 주가배수가 비교대상회사와 비교하여 낮으면 주가가 저평가된 것으로 해석할 수 있다. 다만, 주가는 회사의 미래전망을 반영하는 반면 재무 정보는 회사의 과거 실적이므로, 단순 수치만 비교하여 성급히 결론을 내리는 것은 위험할 수 있다. 주가배수가 상대적으로 낮아(저평가 주식) 투자를 고려할 경우에는 그 회사의 미래전망도 함께 봐야 한다. 반면 회사의 미래전망이 밝아 보여도 주가배수가 상대적으로 높을 경우(고평가 주식)에는 주가 상승 여력이 충분치 않아 투자수익이 잘 나오지 않을 가능성이 있다. 물론 미래전망을 예측하는 것은 가장 어렵고 또 거의 불가능한 영역이므로, 이 부분만 해결된다면 나머지는 주가배수를 적용하여 미래가 밝고 가격이 저렴한 주식을 주워담고 기다리면 투자수익을 실현할 수 있을 것이다.

요약 주식 하느라 본업을 놓치면 폐인 된다.
회계를 알면 망할 주식을 어느 정도 피할 수 있다.
주식은 그냥 각자 알아서 하자. 내가 말한다고 듣니?
필자는 존리 유튜브 괜찮은 것 같다.
개인적 친분 전혀 없음.

집필을 마무리하며

강의가 본업은 아니지만, 꽤 오랜 시간 오프라인 강의를 해 왔고 지금도 하고 있다. 강의 테마와 수강생에 따라 그때그때 내용과 분량을 조절하며 조금씩 다른 강의를 무수히 많이 했다. 개초보 입장에서 정말 많은 고민을 했다. '개초보들은 얼마나 답답할까?'라는 생각을 하며 그 답답함을 함께 나누던 중, 느닷없이 갑작스레 하나의 쉬운 영상을 순차적으로 찍어 유튜브에 올리기 시작했다. 그리고 자연스레 그 영상을 원고로 다듬어 이번 책까지 집필하게 되었다. 남의 것을 인용하는 것이 아니라, 오랜 시간 철저한 고민과 고뇌를 하였기에, 다른 책에는 없는 설명이 꽤 많다.

최대한 쉽게 설명하려 했지만 개초보들은 아직도 목마를 것이다. 필자 또한 계속 가다듬을 것을 약속한다. 보다 쉬운 설명과 매끄러운 흐름을 담은 논리적 전개를. 더욱 적절한 예제와 직관적 이미지의 시각화를.

이 책의 핵심 메시지는 이것이다.

"회계를 알면 좋다."

"회계는 적당히 알면 충분하다."

"회계! 별것 아니더라."

이 책을 완독하면 더 이상 개초보가 아니다. 개초보의 길잡이 역할은 여기까지. 이제부터는 스스로 헤쳐 나가면 된다. 응용과 심화는 자기 스스로 하는 것이다. 아직 부족하다 싶으면 이 책을 몇 번이고 더 보면 된다. 부디 담대하고 의연하게 걸어가기를 소망한다.

"회계를 안다는 것은 세상을 읽을 수 있는
강력한 언어로 소통한다는 것이다."

당분간 나는,

공인회계사로서 본업에 더욱 충실해야겠다(가족들이 불안해한다). 유튜버로서 좋은 콘텐츠를 제공해야겠다(구독자 수가 정체되어 있다).

작가로서 이번 책에 대한 보완점 및 후속 개초보 시리즈에 대한 고민을 해야겠다(개선사항, 좋은 아이디어 있으면 제보 바란다).

다소 특이하고 엉뚱한 남편이지만 웃으며 응원해 주는 아내 효인, 이러한 아빠를 그래도 재미있게 봐주고 늘

기다려주는 어린 두 딸 재이(초딩4학년), 지안(초딩2학년)에게 감사를 표한다.

회계법인공의 구성원, 유튜브 〈개초보회계〉 구독자 및 시청자, 나의 강의를 경청해 주었던 제자(대우세계경영연구회, 부천대 등등)들에게 감사를 표한다.

이 책의 출판을 수락해주신 어깨위망원경 정원우 대표님과 멋진 자문을 해 주신 민지현 편집자님께 감사를 표한다.

이 모든 것을 주관하시는, 나의 모든 것 되시는 하나님께 영광을 돌린다.

개초보
실전 치트키

회계 자격증 소개

회계 관련 자격증을 난이도에 따라 정리하면 아래와 같다.

레벨1	레벨2	레벨3	레벨4	레벨5
FAT2급	FAT1급	TAT2급	TAT1급	
전산회계2급	전산회계1급			
전산회계 운용사3급	전산회계 운용사2급	전산회계 운용사1급		
ERP회계 정보관리사2급	ERP회계 정보관리사1급			
기업회계3급	기업회계2급	기업회계1급		
세무회계3급	세무회계2급	세무회계1급		
	회계관리2급	회계관리1급		
	전산세무2급	전산세무1급		
		원가분석사		
			재경관리사	
			경영지도사	
			신용분석사	
				세무사
				공인회계사

자격증 공부 시 상기 레벨에 따라 준비하면 동일한 공부를 하면서 동시에 몇 개의 자격증을 취득할 수 있으니 효율적으로 진행이 가능하다.

각 자격증의 특성에 따라 실무적인 부분(회계프로그램 등)도 있으며, 재무회계뿐만 아니라 세법(세무회계), 원가회계, 관리회계, 재무관리 등도 포함하는 것이 있으므로 시험과목을 확인하여 전략적으로 접근하는 것이 필요하다.

자격증 종류	재무회계	세법(세무회계)	원가(관리)회계	재무관리
FAT2급	O			
FAT1급	O	O		
TAT2급	O	O		
TAT1급	O	O		
전산회계2급	O			
전산회계1급	O	O	O	
전산회계운용사3급	O			
전산회계운용사2급	O		O	
전산회계운용사1급	O	O	O	
ERP회계정보관리사2급	O			
ERP회계정보관리사1급	O	O	O	
기업회계3급	O			
기업회계2급	O		O	

개초보 실전 치트키

자격증 종류	재무회계	세법(세무회계)	원가(관리)회계	재무관리
기업회계1급	O		O	
세무회계3급		O		
세무회계2급		O		
세무회계1급		O		
회계관리2급	O			
회계관리1급	O	O		
전산세무2급	O	O	O	
전산세무1급	O	O	O	
원가분석사	O		O	
재경관리사	O	O	O	
경영지도사(재무분야)	O	O		O
신용분석사	O			O
세무사	O	O	O	
공인회계사	O	O	O	O

개초보 계정과목

실무에서 많이 사용하는 계정과목과 그 정의를 정리하였다. 이는 재무상태표와 손익계산서를 기록하는 단위이므로 계정과목을 이해하는 것은 곧 재무제표를 아는 것과 같다. 다시 강조하지만, 계정과목은 절대 외우는 것이 아니다. 중요한 것은 계정과목의 단어 자체를 보면서 그 의미를 파악하는 것이다. 그 먼 옛날 똑똑하신 분들이 심사숙고하여 이름을 붙인 것이니만큼 그다지 어렵지 않으리라.

구분	계정과목	설명
당좌자산	현금및현금성자산	실물현금, 보통예금 등
	단기금융상품	정기예금, 정기적금 등으로 회계연도 종료일로부터 1년 이내에 만기가 도래하는 것
	매출채권	주된 영업활동을 위해 재화나 용역을 외상으로 팔고 회계연도 종료일로부터 1년 이내에 현금을 수령할 수 있는 권리
	선급비용	계속적인 용역제공이나 자산 사용의 대가로 먼저 현금을 지급한 금액 중 아직 기간이 도래하지 않았으나, 1년 이내에 기간이 도래되는 것
	미수수익	기간 경과에 따라 발생하는 수익 중 아직 현금으로 수령하지 않았으나 기간이 경과되어 현금을 수령할 권리가 있는 부분
	미수금	주된 영업활동 이외의 재화나 용역을 외상으로 팔고 회계연도 종료일로부터 1년 이내에 현금을 수령할 수 있는 권리
	선급금	주된 영업활동을 위해 재화나 용역을 제공받기 전에 구입을 위해 먼저 현금을 지급한 것으로 1년 이내에 재화나 용역을 제공받을 수 있는 부분
	단기대여금	제삼자에게 돈을 빌려주고 향후 돈을 받는 거래로 1년 이내에 회수 가능한 권리
재고자산	상품	회사가 재화를 사 온 후 다시 그 재화를 파는 유통업 등을 영위하는 경우 그 재화
	제품	회사가 제조를 통해 재화를 만든 후 그 재화를 파는 제조업 등을 영위하는 경우 그 재화
	재공품	회사가 제조를 통해 재화를 만드는 경우 아직 완성이 되지 않은 공정 중의 재화
	원재료	회사가 제조를 통해 재화를 만드는 경우 그 재화를 만들기 위해 투입하는 원료

구분	계정과목	설명
투자자산	장기금융상품	정기예금, 정기적금, 기타 정형화된 금융상품 등으로 회계연도 말부터 1년 이후에 만기가 도래하는 것
	투자부동산	장기적 자금 운용 목적(시세차익, 월세 등)으로 보유하는 토지나 건물
	장기대여금	제삼자에게 돈을 빌려주고 향후 돈을 받는 거래로 1년 이후에 회수 가능한 권리
유형자산	토지	말 그대로 땅이다. 보유목적은 영업활동을 위함
	건물	말 그대로 건물(사무실, 공장 등)이다. 보유목적은 영업활동을 위함
	구축물	건물은 아니나 무언가 큰 구조물 같은 것을 지칭. 보유목적은 영업활동을 위함
	기계장치	제품 등을 만드는 일련의 과정에 사용되는 것으로 일반적으로 공장 내에 존재하는 공작물 등
	차량운반구	일반적인 자동차를 포함하여 땅에서 움직이는 것들을 지칭. 보유목적은 영업활동을 위함
	비품	상기 유형자산에서 언급되지 않은 주로 사무용으로 사용되는 물품
	건설중인자산	회사가 영업활동에 사용하기 위해 직접 세우거나 제작하는 것으로 아직 완성되지 않은 과정 중에 있는 것. 일반적으로 미완성된 건물이나 기계장치가 해당
무형자산	지식재산권	일정 기간 회사가 독점적 배타적으로 이용할 수 있는 권리. 특허권, 상표권 등
	개발비	회사가 개발활동에 지출한 것으로 개발로 인한 성공 가능성이 매우 높아서 향후 회사에 수익증가 또는 비용감소를 초래할 것으로 확실시되는 것
	소프트웨어	말 그대로 소프트웨어. ERP, Office 등

구분	계정과목	설명
기타 비유동자산	임차보증금	건물 등을 빌려서 사용하는 경우 지급하는 보증금으로 해당 건물에서 퇴거 시 돌려받을 수 있는 금액
	장기매출채권	주된 영업활동을 위해 재화나 용역을 외상으로 팔고 회계연도 종료일로부터 1년 이후에 현금을 수령할 수 있는 권리
	장기미수금	주된 영업활동 이외의 재화나 용역을 외상으로 팔고 회계연도 종료일로부터 1년 이후에 현금을 수령할 수 있는 권리
유동부채	단기차입금	회사가 돈을 빌린 것으로 회계기간 종료일로부터 1년 이내에 갚아야 할 의무가 있는 것
	매입채무	회사가 주된 영업활동과 관련하여 재화나 서비스를 외상으로 구매한 것으로 회계기간 종료일로부터 1년 이내에 대금을 지급해야 할 의무가 있는 것
	미지급금	회사가 주된 영업활동과 관련 없는 재화나 서비스를 외상으로 구매한 것으로 회계기간 종료일로부터 1년 이내에 대금을 지급해야 할 의무가 있는 것
	미지급비용	기간의 경과에 따라 지급해야 할 의무가 발생하였으나, 약정된 지급일이 도래하지 않아 아직 지급하지 않은 것으로 회계기간 종료일로부터 1년 이내에 지급해야 할 의무가 있는 것
	선수금	주된 영업활동과 관련하여 회사가 제삼자로부터 현금을 먼저 수령한 것으로 회계기간 종료일로부터 1년 이내에 재화나 서비스를 제공해야 할 의무가 있는 것
	선수수익	기간의 경과에 따라 현금을 수령할 권리가 생기는 거래에서 회사가 기간 경과 전에 먼저 현금을 수령한 것으로 회계기간 종료일로부터 1년 이내에 재화나 서비스를 제공해야 할 의무가 있는 것
	예수금	회사가 예비적으로 돈을 수령한 후 회계연도 종료일로부터 1년 이내에 다시 돈을 지급해야 할 의무가 있는 것

구분	계정과목	설명
비유동부채	장기차입금	회사가 돈을 빌린 것으로 회계기간 종료일로부터 1년 이후에 갚아야 할 의무가 있는 것
	사채	회사가 돈을 빌리기 위해 증서를 발행한 것으로 회계기간 종료일로부터 1년 이후에 갚아야 할 의무가 있는 것
	퇴직급여충당부채	회사의 전 임직원이 일시에 퇴직한다고 가정할 경우 지급해야 할 총 퇴직금
	임대보증금	건물 등을 빌려주는 경우 수령하는 보증금으로 해당 건물에서 입주자가 퇴거 시 돌려줘야 하는 금액
	장기매입채무	주된 영업활동을 위해 재화나 용역을 외상으로 사고 회계연도 종료일로부터 1년 이후에 대금을 지급해야 할 의무가 있는 것
	장기미지급금	주된 영업활동 이외의 재화나 용역을 외상으로 사고 회계연도 종료일로부터 1년 이후에 대금을 지급해야 할 의무가 있는 것
자본금	보통주자본금	발행한 보통주식 총액 중 액면가액에 해당하는 부분
	우선주자본금	발행한 우선주식 총액 중 액면가액에 해당하는 부분
자본잉여금	주식발행초과금	발행한 주식 총액 중 액면가액을 초과하는 부분
자본조정	주식할인발행차금	발행한 주식 총액 중 액면가액에 미달하는 부분
이익잉여금	이익준비금	현금배당액의 10/1 이상을 쌓아두는 부분
	미처분이익잉여금	이익의 누적액을 쌓아두는 부분
판매비와 관리비	급여	통상적 임금
	상여	임금 외의 보너스
	퇴직급여	퇴직금을 쌓아두거나 지급
	복리후생비	임직원의 복리를 위한 지출

구분	계정과목	설명
판매비와 관리비	여비교통비	교통비, 출장비 등
	접대비	특정 거래처와의 우호를 위한 지출
	통신비	전화, 팩스, 인터넷 등에 대한 지출
	수도광열비	수도세 등
	전력비	전기세 등
	세금과공과금	법인세를 제외한 각종 세금 및 고지료
	감가상각비	유형자산에 대한 비용 인식
	지급임차료	빌려 쓰는 대가로 지급하는 것
	수선비	유형자산 등을 수선하고 유지하는 지출
	보험료	각종 보험에 대한 지출
	차량유지비	차량운반구를 수선하고 유지하는 지출
	경상연구개발비	연구/개발하는 비용 중 개발비(무형자산)에 포함되지 않는 것
	운반비	택배료, 퀵비 등
	교육훈련비	임직원 역량 강화를 위한 지출
	도서인쇄비	책, 신문, 인쇄물 등에 대한 지출
	회의비	회의에 소요되는 지출
	사무용품비	사무용으로 사용하는 물품 등에 대한 지출
	소모품비	사무용 이외에 사용하는 물품 등에 대한 지출
	지급수수료	법률, 회계, 기타 용역 등에 대한 지출

구분	계정과목	설명
판매비와 관리비	광고선전비	광고, 홍보 등에 대한 지출
	대손상각비	상거래 채권에 대해 회수가 불확실한 경우 인식하는 비용
	무형자산상각비	무형자산에 대한 비용 인식
	잡비	기타 소소한 비용
영업외수익	이자수익	장단기금융상품 등의 보유로 인한 이자발생액
	배당금수익	타 회사 주식보유로 인한 배당발생액
	유형자산처분이익	유형자산 처분 시 장부가액을 초과하는 매각대금
	자산수증이익	현금지출 없이 자산 획득
	채무면제이익	현금지출 없이 채무 소멸
	외화환산이익	외화채권채무에 대해 기말 결산 시 환율변동 이익
	외환차익	외화채권채무에 대해 기중 결제 시 환율변동 이익
	잡이익	기타 소소한 수익
영업외비용	이자비용	장단기차입금, 사채 등으로 인한 이자발생액
	기부금	거래처 아닌 불특정자에게 반대급부 없이 증여
	유형자산처분손실	유형자산 처분 시 장부가액에 미달하는 매각대금
	기타의대손상각비	상거래 외 채권에 대해 회수가 불확실한 경우 인식하는 비용
	외화환산손실	외화채권채무에 대해 기말 결산 시 환율변동 손실
	외환차손	외화채권채무에 대해 기중 결제 시 환율변동 손실
	잡손실	기타 소소한 비용

개초보 회계처리 예제

계정과목을 알고 차변/대변을 알면 회계처리를 할 수 있다. 재무제표를 읽고 이해하는 데 있어 회계처리를 반드시 알아야 하는 것은 아니다. 회계 실무자는 당연히 알아야 하지만 회계 실무자가 아니더라도 회계처리를 알면 회계를 한층 더 깊게 맛볼 수 있으며, 여러 가지 업무에 상당한 도움이 된다. 아래는 가장 쉽고 기본적인 회계처리의 다양한 사례이다. 가급적 실제로 종이에 적으면서 따라가 보자.

회사가 6개월 만기 정기적금에 가입하고 현금 100을 불입		
불입 시	(차변) 단기금융상품 100	(대변) 현금 100

빵집을 운영하는 회사가 거래처에 빵을 팔고 대금을 3개월 이후에 받기로 하는 경우	
빵 인도 시	(차변) 매출채권 100	(대변) 매출 100
현금 회수 시	(차변) 현금 100	(대변) 매출채권 100

12월 말 결산을 수행하는 회사가 건물에 대한 화재보험을 4월 1일에 가입하고 보험료로 1년 치에 해당하는 120 납부		
불입 시(4/1)	(차변) 보험료 120	(대변) 현금 120
결산 시(12/31)	(차변) 선급비용 30	(대변) 보험료 30
만기 시(3/31)	(차변) 보험료 30	(대변) 선급비용 30

12월 말 결산을 수행하는 회사가 4월 1일에 100 은행에 예치하고 1년 뒤 (내년 3월 31일) 12%의 이자(12)를 수취할 수 있는 경우		
예치 시(4/1)	(차변) 단기금융상품 100	(대변) 현금 100
결산 시(12/31)	(차변) 미수수익 9	(대변) 이자수익 9
원금 회수(3/31)	(차변) 현금 100	(대변) 단기금융상품
이자 수령(3/31)	(차변) 현금 12	(대변) 미수수익 9 이자수익 3

빵집을 운영하는 회사가 사용하던 자동차(취득가액 100, 감가상각누계액 50)를 외부에 팔고 대금을 3개월 이후에 받기로 하는 경우		
차량 인도 시	(차변) 감가상각누계액 50 미수금 200	(대변) 차량운반구 100 (대변) 유형자산처분이익 150
현금 회수 시	(차변) 현금 200	(대변) 미수금 200

빵집을 운영하는 회사가 빵을 만들기 위한 밀가루를 구입하기 위해 현금을 먼저 지급하고 3개월 후에 밀가루를 받기로 하는 경우		
현금 지급 시	(차변) 선급금 100	(대변) 현금 100
밀가루 수령 시	(차변) 원재료 100	(대변) 선급금 100

회사가 다른 회사에게 돈 100 빌려주고 3개월 후에 회수하기로 하는 경우		
현금 지출 시	(차변) 단기대여금 100	(대변) 현금 100
현금 회수 시	(차변) 현금 100	(대변) 단기대여금 100

자동차제조회사가 자동차 만들기 위해 철강 100 현금 구입		
구입 시	(차변) 원재료 100	(대변) 현금 100

회사가 3년 만기 정기적금에 가입하고 현금 100 불입		
불입 시	(차변) 장기금융상품 100	(대변) 현금 100

회사가 시세차익을 목적으로 오피스텔 100 현금 구입		
구입 시	(차변) 투자부동산 100	(대변) 현금 100

회사가 수익을 얻기 위해 투자한 3년만기 국채 100 현금 구입		
구입 시	(차변) 만기보유증권 100	(대변) 현금 100

회사가 다른 회사에게 돈 100 빌려주고 3년 후에 회수하기로 하는 경우		
현금 지출 시	(차변) 장기대여금 100	(대변) 현금 100
현금 회수 시	(차변) 현금 100	(대변) 장기대여금 100

회사 본사 및 공장 건물 건설을 위한 토지 100 현금 구입		
구입 시	(차변) 토지 100	(대변) 현금 100

회사 본사 및 공장 건물 400 현금 구입		
구입 시	(차변) 건물 400	(대변) 현금 400
결산 시	(차변) 감가상각비 10	(대변) 감가상각누계액 10

회사를 둘러싸고 있는 담벼락 건설 100 현금 지출		
지출 시	(차변) 구축물 100	(대변) 현금 100
결산 시	(차변) 감가상각비 10	(대변) 감가상각누계액 10

빵을 만들어 파는 회사가 빵을 굽는데 사용하는 오븐 100 현금 구입		
지출 시	(차변) 기계장치 100	(대변) 현금 100
결산 시	(차변) 감가상각비 10	(대변) 감가상각누계액 10

업무용 승용차 100 현금 구입		
지출 시	(차변) 차량운반구 100	(대변) 현금 100
결산 시	(차변) 감가상각비 10	(대변) 감가상각누계액 10

업무용 복합기 100 현금 구입		
지출 시	(차변) 비품 100	(대변) 현금 100
결산 시	(차변) 감가상각비 10	(대변) 감가상각누계액 10

회사가 본사 건물을 건설 중으로 100 현금 지출. 아직 완성되지 않은 것		
지출 시	(차변) 건설중인자산 100	(대변) 현금 100

특허권 100 현금 구입		
지출 시	(차변) 지식재산권 100	(대변) 현금 100
결산 시	(차변) 무형자산상각비 20	(대변) 지식재산권 20

회사 연구개발부서가 획기적인 신제품을 개발하며 지출한 인건비 100. 향후 시장에서 성공 가능성이 매우 높음		
지출 시	(차변) 급여 100	(대변) 현금 100
결산 시	(차변) 개발비 100 　　　무형자산상각비 20	(대변) 급여 100 　　　개발비 20

ERP 100 현금 구입		
지출 시	(차변) 소프트웨어 100	(대변) 현금 100
결산 시	(차변) 무형자산상각비 20	(대변) 소프트웨어 20

2년 계약 보증금 1억 원 월세 1백만 원으로 남의 건물을 빌려 쓸 경우		
보증금 지출 시	(차변) 임차보증금 1억 원	(대변) 현금 1억 원
월세 지출 시	(차변) 임차료비용 1백만 원	(대변) 현금 1백만 원

빵집을 운영하는 회사가 거래처에 빵을 팔고 대금 100을 3년 이후에 받기로 하는 경우		
빵 인도 시	(차변) 장기매출채권 100	(대변) 매출 100
대금 회수 시	(차변) 현금 100	(대변) 장기매출채권 100

빵집을 운영하는 회사가 사용하던 자동차(취득가액 200, 감가상각누계액 50)를 외부에 팔고 대금 100을 3년 이후에 받기로 하는 경우		
차량 인도 시	(차변) 장기미수금 100 감가상각누계액 50 유형자산처분손실 50	(대변) 차량운반구 200
대금 회수 시	(차변) 현금 100	(대변) 장기미수금 100

회사가 은행으로부터 6개월 후 갚는 조건으로 100을 빌리는 경우		
차입 시	(차변) 현금 100	(대변) 단기차입금 100
상환 시	(차변) 단기차입금 100	(대변) 현금 100

빵집을 운영하는 회사가 3개월 후 대금 지급 조건으로 밀가루 100을 사오는 경우		
구매 시	(차변) 원재료 100	(대변) 매입채무 100
결재 시	(차변) 매입채무 100	(대변) 현금 100

회사가 6개월 후 대금 지급 조건으로 자동차를 사 오는 경우	
구매 시	(차변) 차량운반구 100 · (대변) 미지급금 100
결재 시	(차변) 미지급금 100 · (대변) 현금 100
결산 시	(차변) 감가상각비 20 · (대변) 감가상각누계액 20

12월 말 결산을 수행하는 회사가 4월 1일에 1백만 원을 은행에서 빌리고 1년 뒤(내년 3월 31일) 12%의 이자(12만 원)를 지급해야 하는 경우	
차입 시	(차변) 현금 100 · (대변) 단기차입금 100
결산 시	(차변) 이자비용 9 · (대변) 미지급비용 9
만기 시	(차변) 단기차입금 100 / 미지급비용 9 / 이자비용 3 · (대변) 현금 112

빵집을 운영하는 회사가 먼저 빵에 대한 대금을 수령하고 3개월 후에 빵을 주기로 하는 경우	
수령 시	(차변) 현금 100 · (대변) 선수금 100
인도 시	(차변) 선수금 100 · (대변) 매출 100

개초보 실전 치트키

12월 말 결산을 하는 회사가 보유하고 있는 건물에서 여유공간을 다른 회사에 빌려주고 4월 1일에 1년치 임대료 120만 원을 수취한 경우	
수령 시	(차변) 현금 120 / (대변) 임대료수익 120
결산 시	(차변) 임대료수익 30 / (대변) 선수수익 30
만기 시	(차변) 선수수익 30 / (대변) 임대료수익 30

회사가 근로자에게 총 급여 200만 원 지급 시, 40만 원 만큼은 소득세원천징수 및 4대보험료 차감 후 160만 원만 실지급하고 40만 원만큼은 회사가 보관하고 있다가 익월에 세무서 등에 납부하는 경우	
급여 지급 시	(차변) 급여 200 / (대변) 현금 160, 예수금 40
익월	(차변) 예수금 40 / (대변) 현금 40

회사가 은행으로부터 1억 원을 3년 후 갚는 조건으로 빌리는 경우	
차입 시	(차변) 현금 1억 / (대변) 장기차입금 1억
상환 시	(차변) 장기차입금 1억 / (대변) 현금 1억

회사가 제삼자에게 1억 원을 3년 후 갚는 조건으로 빌리며 그에 대하여 사채권을 발행하는 경우	
발행 시	(차변) 현금 1억 / (대변) 사채 1억
상환 시	(차변) 사채 1억 / (대변) 현금 1억

회사 설립 후 1년 지난 시점 현재 회사의 전 임직원이 퇴직한다고 가정할 경우 총 퇴직금액(퇴직금추계액)이 10억인 경우		
결산 시	(차변) 퇴직급여 10억	(대변) 퇴직급여충당부채 10억

2년 계약 보증금 1억 원 월세 1백만 원으로 회사 소유 건물의 일부를 제삼자에게 빌려주는 경우		
보증금 수령 시	(차변) 현금 1억	(대변) 임대보증금 1억
월세 수령 시	(차변) 현금 1백	(대변) 임대료수익 1백

빵집을 운영하는 회사가 3년 후 대금 지급 조건으로 밀가루를 사오는 경우		
구매 시	(차변) 원재료 100	(대변) 장기매입채무 100
결재 시	(차변) 장기매입채무 100	(대변) 현금 100

빵집을 운영하는 회사가 3년 후 대금 지급 조건으로 자동차를 사오는 경우		
구매 시	(차변) 차량운반구 100	(대변) 장기미지급금 100
결산 시	(차변) 감가상각비 20	(대변) 감가상각누계액 20
결재 시	(차변) 장기미지급금 100	(대변) 현금 100

액면가액 5,000원의 주식 100주를 7,000원에 발행하여 자기자본을 조달하는 경우			
발행 시	(차변) 현금 700,000	(대변) 자본금 500,000 　　　주식발행초과금 200,000	

1월 1일에 자동차(취득가액 100)를 인수하고 대금을 7월 1일에 주기로 한 경우		
1/1	(차변) 차량운반구 100	(대변) 미지급금 100
7/1	(차변) 미지급금 100	(대변) 현금 100
12/31	(차변) 감가상각비 20	(대변) 감가상각누계액 20

1월 1일 자동차(취득가액 100, 감가상각누계액 20) 150에 처분하고 대금을 7월 1일에 받기로 한 경우		
1/1	(차변) 미수금 150 　　　감가상각누계액 20	(대변) 차량운반구 100 　　　유형자산처분이익 70
7/1	(차변) 현금 150	(대변) 미수금 150

개초보 재무제표 작성 예제

일련의 거래는 회계처리되고, 회계처리들이 모여서 재무제표가 만들어진다. 이러한 과정을 간단한 사례를 통해 경험해 보자. 경험은 경험 그 자체로 의미 있다. 아하, 이렇게 재무상태표와 손익계산서가 만들어지는구만!

(1) 흐름

회계적 사건 발생 및 인식(시점 확정) 〉측정(금액 확정) 〉기록(계정과목 및 차변/대변 확정 〉회계처리 취합 〉계정과목별 분류 〉재무제표 반영)

(2) 사례

사례를 통하여 분개가 모여서 재무제표가 생성되는 과정을 확인해 보자.

회계처리(분개)

2023.01.01	현금 500을 출자하여 회사를 설립
(차변) 현금 500	(대변) 자본금 500
2023.02.01	은행으로부터 500을 차입 (만기 3년, 이자율 12%, 매년 1월 말 이자 지급)
(차변) 현금 500	(대변) 장기차입금 500
2023.03.01	보증금 300을 지급하고 사무실을 임차함
(차변) 임차보증금 300	(대변) 현금 300
2023.04.01	빵 운반용 차량을 200 지급하고 구입
(차변) 차량운반구 200	(대변) 현금 200
2023.05.01	복합기를 120 지급하고 구입
(차변) 비품 120	(대변) 현금 120
2023.05.15	판매용 빵 100개를 150에 구입
(차변) 매입 150	(대변) 현금 150
2023.06.01	빵 50개 판매하고 현금 200 수령
(차변) 현금 200	(대변) 매출 200
2023.07.01	직원 급여 100 현금 지급
(차변) 급여 100	(대변) 현금 100
2023.08.01	직원들과 회식비로 50 지출
(차변) 복리후생비 50	(대변) 현금 50

2023.09.01	거래처와 식사비로 50 지출
(차변) 접대비 50	(대변) 현금 50
2023.10.01	빵 30개 판매하고 12.01에 현금 120 수령하기로 함
(차변) 매출채권 120	(대변) 매출 120
2023.11.01	직원 급여 100 현금 지급
(차변) 급여 100	(대변) 현금 100
2023.12.01	10월에 판매한 빵 30개 중, 판매분 15개 대금으로 현금 60 수령
(차변) 현금 60	(대변) 매출채권 60
2023.12.31	결산보정분개
(차변) 매출원가 150	(대변) 매입 150
(차변) 기말재고 30	(대변) 매출원가 30
(차변) 감가상각비(비품) 30	(대변) 감가상각누계액(비품) 30
(차변) 감가상각비(차량) 16	(대변) 감가상각누계액(차량) 16
(차변) 이자비용 55	(대변) 미지급비용 55

취합 및 분류(시산표)

구분	차변	대변	잔액
현금	1,260	1,070	190
자본금	·	500	(500)
차입금	·	500	(500)
임차보증금	300	·	300
차량운반구	200	·	200
비품	120	·	120
매입	150	150	–
매출	·	320	(320)
급여	200	·	200
복리후생비	50	·	50
접대비	50	·	50
매출채권	120	60	60
매출원가	150	30	120
기말재고	30	·	30
감가상각비	46	·	46
감가상각누계액	·	46	(46)
이자비용	55	·	55
미지급비용	·	55	(55)
계	**2,731**	**2,731**	–

- 상기 모든 회계처리를 계정과목별로 차변금액과 대변금액으로 정리
- 시산표에는 자산, 부채, 자본, 수익, 비용이 모두 등장

재무제표 생성

현금	190	미지급비용	55
매출채권	60	장기차입금	500
재고자산	30	자본금	500
비품	120	이익잉여금	(201)
감가상각누계액	(30)	·	·
차량운반구	200	·	·
감가상각누계액	(16)	·	·
임차보증금	300	·	·
자산 계	**854**	**부채 및 자본 계**	**854**

시산표에서 재무상태표에 해당하는 계정(자산, 부채, 자본)만을 추려내어 재무상태표 작성

손익계산서

매출	320
매출원가	120
매출총이익	200
판매비와관리비	346
급여	200
복리후생비	50
접대비	50
감가상각비	46
영업외비용	55
이자비용	55
세전이익	**(201)**

시산표에서 손익계산서에 해당하는 계정(수익, 비용)만을 추려내어 손익계산서 작성

추천의 말

아래 후기는 김우철 회계사 유튜브 채널의 실제 댓글 중, 비전공자·대학생·직장인·자격시험 준비생 등 이 책의 핵심 독자군을 대표하는 사례를 선별해 발췌한 것입니다. 단 한 문장의 수정 없이, 문맥을 해치지 않는 범위 내에서 최소한의 맞춤법 정리만 거쳤습니다. 닉네임은 개인정보 보호를 위해 일부 마스킹했으며, 원문은 유튜브 해당 영상의 댓글에서 직접 확인하실 수 있습니다.

작은 감사의 마음으로 이 페이지를 남깁니다. 《개초보 회계》가 누군가의 첫 이해가 되었기를 바랍니다.

— 어깨 위 망원경 편집부

@링듀××××
다른 강의들 보다 훨씬 나은데 왜 조회수가 이런지 모르겠네요! 대학교 1학년 회계공부 중인데 단번에 이해 됐습니다 감사합니다!!

@세린××××
와 씨 자격증 시험 전 날에 본 게 한이네요, 설명 진짜 작살나게 잘하세요. 다음주 FAT 시험은 여기 유튜브 보면서 대비해야겠어요.

@벼랑끝××××

강의력이 진짜 대박이십니다. 유명한 3사 전문 강사님들 강의 들을 때 이런 느낌은 없었는데. 와. 세법도 개초보 강의 만들어 주실 수 있으신가요. ㅎㅎ

@홍승××××

ㅇㅇㅇ회계사 ㅇㅇㅇ교수도 이해 안 되는데 가장 명강의였습니다. 제 4번째 차변대변 영상 이였고 그 어떤 것보다 이해가 잘 됩니다. 감사합니다.

@user-bj2fw2××××

귀에 쏙쏙 너무 이해가 잘되네요 웬만한 인강쌤들보다 훨씬 잘하세요

@우기욱이××××

회계전공자이고 졸업한지 2년넘어서 듬성듬성 기억나는지라 기초강의 찾아 듣게 되었는데 재경관리사 딸 때 해OO, 에IOO 메인강사보다 조회수 몇 없는 유튜버가 훨씬 잘 가르치네요 진짜 어이없기도 하고 김우철회계사님 강의를 만나게 되어 운이 좋네요 ^^

@user-lw7qh××××

다른 강의 듣고도 못 알아 들었는데 쌤 강의는 한번에 들어오네요 진짜 최고

@골드윙××××

대학교 때 이 강의보고 맥락보고 들 가면 좋았을 텐데 왜 이제 이거 발견했지ㅠㅠ

@윤석××××

저도 경영학과 졸업했는데 그 동안 뭐했는지 정말 후회됩니다. 설명 정말 잘하시네요 감사합니다. 영원히 기억하겠습니다.

@yum××××

그 동안 회계는 다른 세상 이야기였는데 조금 가까워지는 것 같아요! 회계사님 덕분입니다.

@퀀텀점프××××

회계사님 강의 듣고 fat2급 취득했습니다. 차변 대변은 정말 평생 기억에 남을 것 같습니다.

@이지××××

친근해서 귀에 쏙쏙 들어와요 문제집은 괴리감이 느껴졌는데 선생님 강의는 피부에 와 닿고 현실적으로 느껴져서 이해가 바로바로 되요!

@papa××××

캐나다 비지니스 스쿨 4년제 나오고 직장인 4년째인데 지금 이거 보고 다 이해했습니다

@duakim××××

미국에서 accounting 듣는데 이해가 너무 안되어서 찾아보다가 들어오게 되었어요 한번에 이해할 수 있게 설명해주셔서 감사합니다! 계속 보려구요!!!!

@cassie××××

지금 부서이동으로 전공자도 아닌데 급하게 재경팀에 투입되었습니다. 일단 회계 공부 시작하고 있는데 처음이라 강의를 들어도 개념이 안 잡히더라구요. 그런데 선생님 강의는 정말 이해도 잘되고 초보자에게 너무 좋아요. 또 지금 해외에서 근무하고 있어 공부할 여건이 마땅치 않은데 정말 도움이 많이 되고 있습니다. 감사합니다 ^^

@수현유××××

지루할 수 있는 내용들을 쉽게, 중간중간 개그까지 정말 진짜 유용한 강의인데 왜 이걸 지금 알았을까요? 부디 공익을 위하여 오래오래 강의 부탁 드립니다!

@허니크롤러××××

비전공자라 웬만한 영상을 들어도 이해가 안 가서 이곳 저곳 찾다가 김우철공인회계사님 영상을 듣게 되었는데 드디어 이해가 되었습니다. 저 같은 비전공자 무경험자가 이해할 수 있는 강의면 최고의 강의란 거겠죠! 감사합니다

@u1××××

다른 영상에서 말씀하셨던 대로 경영학계열인데도 졸업 및 직장생활 중에도, 심지어 회계 유관 업무 중임에도 늘 회계적 개념이 아리송했는데 이렇게 회계를 쉽게 설명해주실 수 있나요? 전달해주시는 능력이 정말 뛰어난 것 같아요. 책(개초보회계) 쓰시면 꼭 필독하고 주변에 선물까지 하게 될 것 같습니다. 강의 감사합니다. CIA 붙으면 김우철 회계사님 덕분입니다. 3개 파트 시험을 봐야 하는데 조금 더 나중에 시작할 세 번째 파트(비즈니스 스킬)에 회계원리가 기본 주요과목으로 있어서 걱정을 은근히 하고 있었는데 회계사님 강의를 발견하고 세상 두려울 게 없어졌습니다. 자신감 가지고 열심히 해보겠습니다. 행복한 하루 되세요~! 어디가서 회계가 재밌다고 말하고 제 정신이냐는 소리를 듣게 될 것 같습니다

@tutuyou××××

개념이 잘 잡히지 않은 상태에서 재무상태표와 손익계산서가 어떤 관계인지 단순히 표만 암기하느라 늘 기출문제를 틀렸는데, 이 강의로 완전 개념 잡혔습니다! 이대로 쭉 정주행 하겠습니다. 강의 감사합니다!

@hhj××××

회계사님 몇 주 전 캐나다에서 accounting101수업 듣는다고 댓글 남겼던 사람입니다. 지난 금요일에 final 시험 보았는데 final 만점 받았고 그 동안의 숙제평균까지 다해서 최종점수 97점 받았습니다. 여긴 90점 이상이 A+인데 저와 다른 한국인 친구가 동점으로 캐내디언들 다 제치고 accounting에서 공동1위 했네요. 머리 아프고 어렵게 느껴졌던 수업이었지만 회계사님 강의로 도움 많이 받았기에 이렇게 감사인사 드립니다.

@u11××××

문득 뭔가에 홀린 듯 차변대변 검색하다가 이 영상을 처음 보고, 이후 개초보 1강부터 정주행해서 다시 여기까지 왔습니다. 저 같은 회계 회피자도 강의를 정주행 하게 만들 정도로 정말 다시 봐도 최고의 차변대변 영상 같습니다. 게다가 다시 보니 기초가 없던 처음에 볼 때보다 정말 더더욱 이해가 잘 되네요.